講談社選書メチエ

800

構造の奥

レヴィ＝ストロース論

中沢新一

MÉTIER

はじめに

この本を構成する四つの章は、たがいに関連しつつもそれぞれが独立しているので、どの章からでも読み始めることができる。いずれの章でも、主題が紡ぎ出される糸口となっているのは、クロード・レヴィ＝ストロースの構造人類学の思想である。

私がレヴィ＝ストロースの思想に初めて出会ってから、かれこれ半世紀が経つが、その出会いの当初から、この本で取り上げられた四つの主題は、私の中におぼろげな形をして浮かんで来ていた。しかし、その着想を確かな思考にまで育て上げるのには、長い歳月を要してしまった。

「革命的科学」と題する短いプロローグの後、第一章に置かれた「構造主義の仏教的起源」は、そのなかでも着想の時期がもっとも古い日付に属するものである。構造人類学から大きな影響を受けたまま、ネパールに出かけてチベット仏教を勉強し始めてからしばらくして、このタイトル通りの言葉が私の中に浮かんできたのを、よく覚えている。私はチベット人の師から「不二（二元論の超克）」の思考法について学んでいたが、そのときレヴィ＝ストロースが創造した構造分析の技法が、表面では現代言語学の強い影響のもとに展開されているように見えて、その深層で動いているのは、仏教的な不二論に酷似した「二元論の超克」の思考であることに、気づいたのである。帰国してから私は『悲しき熱帯』と『裸の人』のそれぞれの最終章を読み直してみて、自分の思いつきに間違いがないことを確信した。

第二章には「リュシアン・セバーク小伝」が置かれている。わずか三一歳で夭折してしまったこの人類学者の短い人生は、青春時代の私に大きな影響を与えた。マルクス主義と構造主義の統一という問題を考えあぐねていた頃（私はポスト構造主義によるその問題の乗り越えに納得していなかった）、まさしくそのものずばりのタイトルを持った書物がフランスに出現していたのを知って、私は少なからず驚きかつ喜んだ。彼の遺した『マルクス主義と構造主義』には、激しい情熱がこめられている。セバークはレヴィ＝ストロースのもっとも期待していた弟子であり、『神話論理』という師の巨大な結晶体の生成過程にも深く関与していた。彼の神話分析には、レヴィ＝ストロースの神話論に還元できないいくつもの独創性が、萌芽の形で含まれている。セバークがもっと長く生きていたら、その後の構造主義の展開も違ったものになっていたことだろう。

第三章「構造の奥」で、私はレヴィ＝ストロースの構造主義と私の考える対称性理論とのつながりを探った。この論文も長い熟成の期間をへて生まれたものである。構造分析が、欧米系の人類学の世界に二元論的な象徴分析として好意的に迎えられていた頃、レヴィ＝ストロースはそれに対する破壊的な論文「双分組織は実在するか？」を書いた。この論文は書き方が難解であったため、その破壊性に気づく人はあまりいなかったが、二元論の超克として彼の構造主義をとらえていた私には、きわめて重大な意味を持つ論文であった。そこでは贈与論と重力論の並行関係が語られ、贈与論の世界にアインシュタインの一般相対性理論の理論構造に照応する、未来形の贈与論が出現しなければならないことが示唆されていた。私はこの文章で、レヴィ＝ストロースのその要請に応えようとした。

第四章「仮面の道の彼方へ」は、『仮面の道』のいわば続編として書かれたものである。後年のレヴィ＝ストロースは、北米ブリティッシュ・コロンビアのファンデフカ海峡やピージェット湾などから構成される「周氷河インボルーション沿岸部」を、北アメリカ諸文化における「一種の臍《へそ》」と呼んで、そこに神話研究の主力を集中させた。その結果生まれたのが『裸の人』『仮面の道』『大山猫の物語』などの作品である。とくに『仮面の道』では、この地帯の先住民による仮面の造形の背後に潜む神話思考の分析がおこなわれたが、その分析では初めから日本民俗学からの事例が、彼の念頭にあった。

若い頃からの浮世絵収集の趣味やコルネリウス・アウエハントの著作『鯰絵』の読書などから、彼は日本で地震の発生に鯰の怪物が登場してくることを早くから知っていた。江戸時代に描かれた絵には、地震を引き起こすと言われた鯰の怪物は憎まれると同時に、大金持ちに打撃を与えて貧者にも富が分け与えられる機会をつくる救済者としての側面を持つことが、はっきりと示されていた。このことは鯰の怪物同様に目の飛び出ている、ブリティッシュ・コロンビアの仮面神スワイフエを想起させるものである。スワイフエ仮面も地震を引き起こす神である。と同時に、その社会の富者が住民たちに自分の溜め込んだ富を分配するポトラッチの祭礼の起源をなすのが、この仮面神である。

レヴィ＝ストロースはこのことをはっきり意識しながら、『仮面の道』での分析を進めたのであるが、日本の事例に関してはそこまでの指摘にとどめている。私は彼のおこなった分析を、太平洋をまたいだ日本列島におこなわれていた他の多くの民俗事例にまで体系的に拡張してみることを試みた。その結果、日本の民俗文化の広い領域において、ブリティッシュ・コロンビアの先住民文化との驚くほどに正確な対応関係が見出されることになった。そのことが何を意味しているか。私たちはきわめて興味深い問題のとば口に立つことになった。

本書にまとめられた四つの論文をつうじて、私は、レヴィ＝ストロースの構造主義の潜勢力はいまだに豊かに保たれており、構造主義自身をさらにヴァージョンアップさせることによって、かつてそれが持っていた「革命的科学」としての可能性を、新しい形で現代によみがえらせることができることを示そうとした。いわゆる「構造主義」はとうの昔から「現代思想」などではなくなっているが、人間科学におけるレヴィ＝ストロースの構造主義の持つ革命性はいまだに古びていない、と私は思うからである。

構造の奥◉目次

プロローグ　革命的科学

「革命的科学」という言葉が、公の場でレヴィ＝ストロース自身の口から発せられたのは、一九三七年のことである。彼は一九三三年一一月から一九三六年五月にかけて、ブラジルの奥地に住むカデュヴェオ族とボロロ族の民族学的調査研究を継続的におこなっていたが、一九三六年一二月から翌年五月にかけて、短期間だけパリに戻っていた。

そのときCGT（フランス労働総同盟）の本部にいたジョルジュ・ルフランの依頼を受けて、レヴィ＝ストロースはパリの聴衆を前に、「革命的科学としての民族学」という講演をおこなった[1]。

若き日のレヴィ＝ストロースはこのルフランの同志として、「建設的革命（Revolution constructive）」という平和的手段による社会主義実現をめざすグループを結成して、活発な社会活動をおこなっていた。ルフランとしては、自分の盟友であるその人物が、社会運動から民族学への大転身をとげてしまった、その理由をぜひとも仲間たちの前で話してもらいたかったのである。

聴衆の多くが社会主義者たちだった。彼らの多くが「あの熱心な活動家だったストロースさんが、急に決心してブラジルの奥地で未開人といっしょに暮らし始めたっていうが、もう革命の理想は彼にはどうでもよくなったのか」というような疑問を抱えて、この講演に集まってきていたのだろうと思う。

その雰囲気を敏感に感じ取っていたレヴィ＝ストロースは、民族学こそは我々のめざしている理想と同じように、現実への批判とその変革とを目的とする「革命的科学」にほかならないと、情熱をこめて語った。彼が語り終えると、聴衆はこの講演に惜しみない拍手を送った。このとき、レヴィ＝ストロースの民族学は、彼の名前と深く結びついた構造主義の出現に先駆けて、「革命的科学」としての本願をあらわにしたのだった。

この講演の中でレヴィ＝ストロースは、歴史上自らの生きる社会に対する批判をはらんだ革命的精神があらわれるとき、つねにその傍らには「他者の文化」への強い関心があったことに、聴衆の注意を向けさせている。つまり革命的精神と民族学は、長いこと兄弟のような関係を保っていたわけである。

古代ギリシャで初の組織的な社会批判の思想である「懐疑主義」が生まれたのは、アレキサンダーによる東方遠征がきっかけとなっている。このときギリシャ人はインドにまで遠征をおこない、その地で仏教やウパニシャッド哲学に出会って、現世批判の思想を知った。それまでギリシャ人は世界をひたすら肯定するコスモス思想で育ってきていたが、このとき初めて組織的な形で現世を否定し批判する思想というものを知ったのである。

ルネサンス期には、西欧社会と南アメリカの先住民文化との出会いが起こった。宣教師によって報告された先住民の世界観は、西欧社会の人々に甚大な衝撃を与えた。西欧で当たり前とされてきた善悪の倫理観は、まるで先住民たちには通用しないものだった。西欧人の多くは、それを先住民の野蛮蒙昧のせいにしようとしたが、モンテーニュをはじめとするユマニストたちは、そこから相対主義の原理を導き出し、自己満足した西欧の人々の精神に批判を加えようとした。

十八世紀になると北アメリカの先住民社会への欧米からの侵入が本格化し、そこからの多くの情報がもたらされるようになった。ルソーやディドロやヴォルテールのような啓蒙主義の思想家たちに、それらの情報は大きな影響を与えた。とくにルソーは『人間不平等起源論』や『エミール』のような著作をつうじて、国家以前の人間の精神の豊かさを描き出してみせた。そうした思想は、現実社会への痛烈な批判となって、西欧各国に起こった革命運動への導火線となったのである。

最近ではロシア革命期のロシアのことが想起される。帝政時代にはクロポトキンを始めとする多くの知識人がシベリアに流刑となり、その地で「未開文化」との接触を体験することになった。彼らが発見したのは、シベリアの先住民たちが、文明国のものとは違うが、じつに豊かで深い知恵の文化の持ち主であるという事実だった。先住民の社会は平等と互恵の原理でつくられていた。この発見は、体制批判の思想家たちを大いに勇気づけた。この体験は、じっさいにロシア革命が起こると、民族学の爆発的発展となってあらわれた。たくさんの芸術家や言語学者や文芸理論家たちも、民族学に深い関心を抱いた。カンディンスキーやストラヴィンスキーの新芸術も、ヤコブソンの言語学やオポヤズの文芸理論なども、民族学とのつながりの中から形成されたのである。

「したがって」と、レヴィ＝ストロースは続ける。

したがって歴史自身がつぎのような問題を立てることを自らに課してきたと言えます。社会制度に対する批判的精神が発達している最中には、批判的精神は未開人のもとに実例を探し求めようとし、じっさいに革命が起こったときは、人間性に関する認識を深めるために、彼らは未開人や野蛮人のもとに出かけていくのです。(2)

このように歴史の現実が、革命的思考と民族学という科学との密接なつながりを示している。そういう状況が、一九三〇年代の今日の西欧にも起こっている。

かくして、どのような意味で私が、民族学は革命への関心と結びついていると申し上げているのか、皆さま方もご理解いただけたと思います。それは私たちが人間というものを理解するのを助けるという意味で、革命精神と結びついております。またそれは違った意味合いにおいて、信仰や生活習慣や伝統の多様性を示すことによって、社会制度批判を未開人についての認識と密接に結びつけようとしてきた、我々の伝統の中にある絆によって、革命の精神と民族学とを結びつけます。最後に、民族学はつぎのようなきわめて意義深い教訓を我々にもたらすことによって、二つを結びつけるのです。すなわち、借用や互いの接触だけが、人間性につきものの惰性態を打ち破る限りにおいて、人間どうしの間にたくさんの接触があるという条件下においてのみ、社会的進歩は持続し、発展することができるのです。(3)

構造主義者となる以前のレヴィ＝ストロースは、このような思考によって、民族学を革命的科学と呼んだのである。それからほぼ二〇年後、彼によって打ち立てられた構造主義は、文字通りの「革命的科学」となったのであるが、ルソーとモンテーニュを大きな後ろ盾とする彼の基本的な思想の骨格は、それによっていささかも変わらなかった。

＊　＊

レヴィ＝ストロースの内部には、「原《ウル》＝構造主義」と呼ぶべき思想が、存在していたのである。その原＝構造主義は、ロマン・ヤコブソンと出会うことによって知ったソシュールの言語学からの強い影響のもと、構造言語学を有力な武器として、新しく「構造主義」として生まれ変わったのであるが、彼の思想の内部では原＝構造主義が自らの心臓として鼓動を続けていた。そのことは、『神話論理』の仕事が進行していくにつれて、しだいにあらわなものとなっていく。

『神話論理』が明らかにしたことは、神話がつぎつぎとみずからを変形していくという事実だった。あらゆる神話は形成されるとすぐに、語り手が変わるに応じて変形を起こすのである。この事実は誰の目にも明白なものだったが、その底で作動している変形の原理は容易に明らかにならなかった。これを生成文法理論などによって説明しようとした人たちもいるが、せいぜい神話の表面に起こる変化しか理解することはできなかった。経験法則としてならば「神話の公式」によって記述することはできても、言語学的な構造主義だけによって、神話の変形の原理を説明することは困難だった。

レヴィ＝ストロースはしだいに別の説明原理を探し求めるようになっていった。神話が変形を起こすときには、精神の無意識的な働きかけがおこなわれているが、そのとき特定のタイプの心的活動だけがそれに参与し、神話に変形を加えているように見えるのである。その結果、「神話を支えている論理的な骨格を壊さずに、つまり神話を変形させる代わりに壊してしまうことなく、前とは不連続な変化をもたらすことができる」変形が生じる。この非連続的な変化によって、神話の全体が再編成されて、新しいヴァージョンが生まれる。

このとき精神において働く「特定のタイプの心的活動」と、まったく同タイプの原理は、言語のレヴェルではなく、生物学的レヴェルで見出されるものであることに、レヴィ＝ストロースは気づいたのである。生物の世界で、こういうタイプの形態変化を研究した人たちに、画家のデュラーや詩人で自然科学者のゲーテ、また近年では動物の形態学的変形の原理を明らかにしたダーシー・トムソンなどがいる。

彼らの研究は、植物や動物や人体の形態は連続的に無限に変化していく可能性を潜在的に秘めているが、形態に関する一種の「量子化条件」が働くことによって、非連続な変化しか起こせないようになっていることを示している。同じ非連続化の原理を、物理学者たちはすでに一九二〇年代から、量子力学の根本原理として、自然界から取り出していた[4]。

レヴィ＝ストロースはここから、構造主義の基本である精神の領域での「非連続性の原理」が、自然の領域に見出される「非連続性の原理」と、本質的に同じものであると考えるようになる。精神の構造と自然の構造とを、二つに切り離すことはできない。二つの一見異なっているように見える構造は、同じものの違うレヴェルへの現象形態として理解すべきであって、ここからも精神と自然の二元論の誤りが示される。

トルベツコイとヤコブソンが音韻の中に見出した構造は、動植物の形態をつくりだす遺伝子コードに書き込まれた構造と、同じ本質を持っているのだ。こうして言語学のモデルを足がかりにしてつくられてきた構造主義は、レヴィ＝ストロースの中で自然科学との新しい連結を見出すようになった。第二次世界大戦中のマジノ線で歩哨に立っていた兵士レヴィ＝ストロースは、塹壕の前に咲いていたタンポポを見て、人間精神の構造とタンポポの花の構造との間に共通しているものは何かと考えていた。そのとき彼の心に浮かんでいた発想こそ、原＝構造主義の思想的萌芽にほかならない。

言語学的な構造主義の時代をへて、長い探究の末に、彼の思想が、精神と自然を真に再統合する新しい構造主義への扉を開いていたことに、私たちはいまようやく気づき始めている。レヴィ＝ストロースの構造主義は、気候変動と人口爆発と食糧危機に脅かされている現代において、ふたたび「革命的科学」としての威力を取り戻そうとしている。

「構造主義と生態学[5]」でレヴィ＝ストロースが述べているように、構造主義は経験主義とも機械的決定論とも異なって、人間の精神と自然に内蔵された知性との間に働いている「エンタングルメント（巻き込み）」の過程を、正確に取り出そうとする科学である。現在の自然科学的なエコロジーは、人間の精神と自然の知性との巻き込みと相互依存の関係にまで理解が届いていないために、人間が一方的に自然に働きかける二元論的な科学にとどまってしまっている。

しかし民族学は、これまで親しい付き合いを続けてきた先住民の世界に、神話的思考をつうじて、人間と自然を再統合しようとする豊かな知的実践が、人知れずおこなわれていたことを熟知している。構造主義はその非二元論的な知的実践の意味を明示しうる、いまのところほとんど唯一の人間科学なのである。モンテーニュやルソーの時代においてそうであったように、民族学はいまも「革命的科学」としての存在意義を失っていない。そして、構造主義はその心臓部に組み込まれた強力な認識論的モデルとして、新生の時を待っている。

第一章

構造主義の仏教的起源

レヴィ＝ストロースと仏教

一九六八年の雑誌『L'ARC』第二六号では、フランスでも初めての本格的なレヴィ＝ストロース特集が組まれた。この特集号のためにレヴィ＝ストロースは、「料理の三角形」というのちにとても有名になる論文を書いている。この雑誌を手にしたとき、私は表紙の肖像写真に強い印象を受けた。(1) そこにはチベットの仏画を背景にした人類学者の立ち姿があったが、その仏画に描かれているのが「ターラ菩薩」という仏教の女神の姿であることを、私はのちに知ることになる。

私は一九八九年にパリで初めてレヴィ＝ストロースにお会いしたのだが、その出会いの場所は当時トロカデロ宮殿にあった「人類学博物館」で開かれていた「レヴィ＝ストロースのアメリカ展」の会場だった。インタビューの合間にたまたま話題がチベットのことになったので、例のターラ女神の仏画についてたずねてみた。

「あの仏画がお好きなのですか」と聞くと、レヴィ＝ストロースは「とても気に入っています。ご存知のようにあれはチベットの慈悲の女神の像です。ギメ美術館の収蔵品です。私は仏教のことをそれほどよくは知らないのですが、その思想には深い共感を抱いています」とこたえた。私がさらに「ええ、『悲しき熱帯』の中でもそのことが書かれていました」と言うと、「あそこでは少し情熱的に書きすぎたかも知れませんが、日本人のあなたはどう感じましたか」とのこたえ。私が「構造主義には仏教に通じるところが大いにあると思っています」とこたえると、彼はかすかな笑みを浮かべた。

『悲しき熱帯』の最終章に、その「情熱的な」文章を読むことができる。「チャウンを訪れて」という文章である。[2]

一九五〇年の九月、当時パリ人類学博物館副館長を務めていたレヴィ＝ストロースは、東パキスタン（現在のバングラデシュ）のチッタゴンに滞在していた。町の東方には広大なチッタゴン丘陵が広がり、そこの山岳部には隣国のビルマ（現在のミャンマー）から遠い昔に移住してきたモク（Mog）族が住み着いていた。モク族は上座部《テラヴァーダ》仏教を信仰する敬虔な人々として知られていた。イスラム文化に

L'ARC　表紙

ターラ菩薩（東北大学大学院文学研究科　河口慧海コレクション「長寿三尊」）

多少食傷ぎみになっていたのと前々から抱いていた仏教への強い関心から、レヴィ＝ストロースは案内の人に頼んで、このモク族の村への数日間のフィールドワークに出かけることにした。

彼らが訪れた村は、チッタゴン丘陵の寒村にあった。灌木の茂る小山の上に僧院（チャウン）が建てられていて、その麓にビルマ仏教に特徴的なパゴダ（仏塔）があった。パゴダといっても竹格子の四角い囲いの中に、同心円の形をした土の段を七層積み重ねただけの、いたって簡素な作りであった。訪問者たちは小山の麓で靴を脱いで、裸足で小山の斜面を登って、僧院をめざした。

一行は僧院の内部へと足を踏み入れた。二人の僧が鄭重に迎え入れてくれた。そこにレヴィ＝ストロースは「私が聖所というものについて自分で思い浮べることのできた観念に、かつてなかったほど私を近づけてくれた」光景を見たのである。

豪奢なもの、威圧的なものは、そこには何もなかった。祭壇の上には、布切れや莚《むしろ》の旗が垂れ下がっているだけで、藁《わら》の壁越しに漏れてくる光と、籠を編んだ灯籠からの光が、質素な祭壇を照らし出していた。祭壇には五〇体ほどの真鍮製の小さな仏像群が並べられ、周りの壁には、色刷の石版宗教画が何枚か貼られていた。静かで、穏やかな空気が辺りを包み込んでいた。

レヴィ＝ストロースをここまで案内してくれたビルマ人の同伴者が、彼に言った。「あなたは私のようになさる必要はありません」。そう言ってから同伴者は祭壇の前で、五体投地を四度おこなった。レヴィ＝ストロースは彼の意見に従って、慎み深く立ったままでいた。

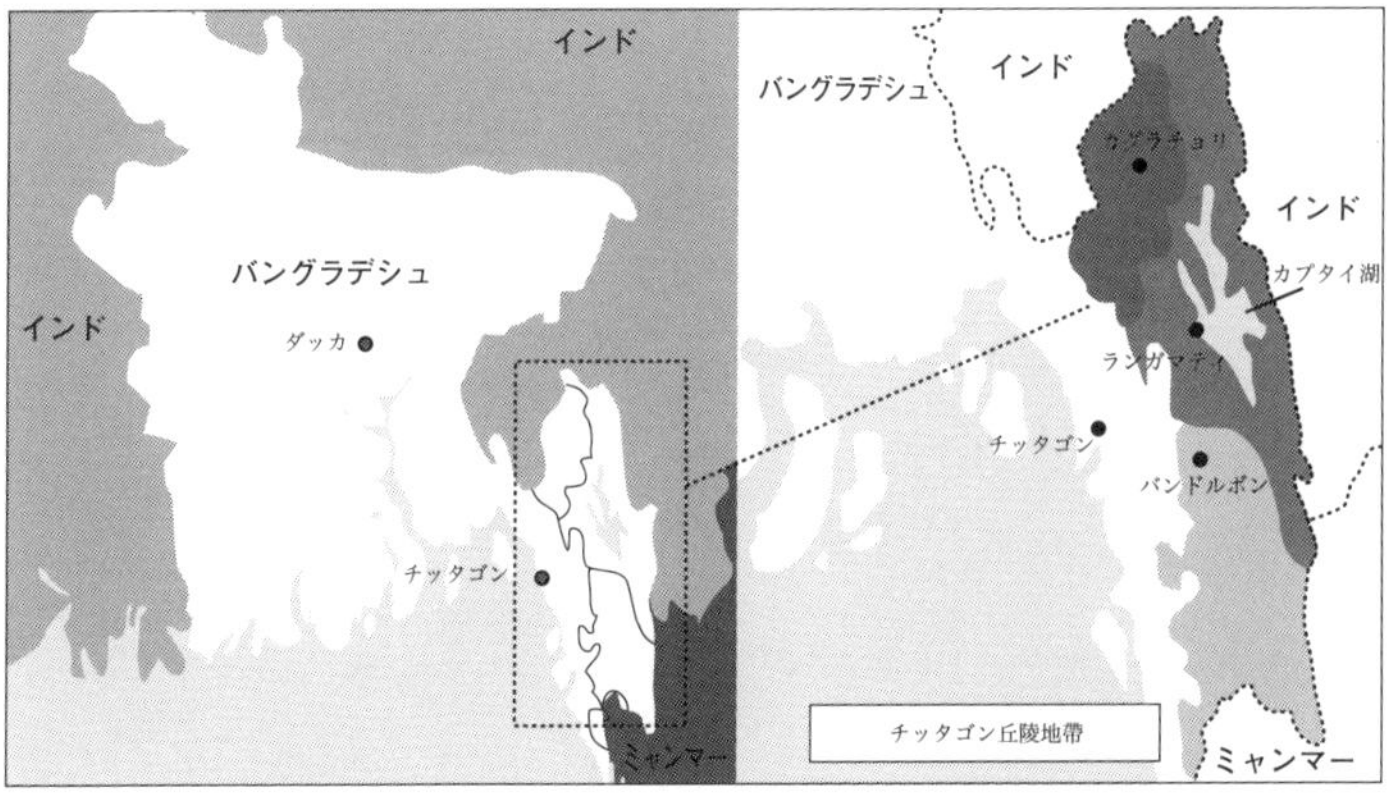

チッタゴン丘陵を中心とするビルマとの国境地帯の地図

スラマニ寺院の外観（ビルマ。パガンの遺跡。1183年築）

私が彼と信仰を共にしていないことを彼は知っていたし、私は、それらを形だけの仕来りと私が見ていると彼に思わせることで、儀礼的な仕草を濫用する結果になるのを怖れたからである。一度なら、私はそれらを行うことに、何の抵抗も感じないかも知れなかったから。この祭祀と私とのあいだに、どんな誤解も入り込みはしなかった。この場合、偶像の前で頭を下げるとか、いわゆる超自然の秩序を崇敬するということが問題なのではなかった。ただ、一人の思想家あるいはその伝説を生んだ社会が、二十五世紀前に熱心に求めた、そして私の文明は、それを確認することによってしか貢献できない、決定的な思想に敬意を捧げることだけが問題だったのだ。

私は実際、私が耳を傾けた師たちから、私が読んだ哲人たちから、私が訪れた社会から、西洋《オクシデント》が自慢の種にしているあの科学からさえ、継ぎ合わせてみれば木の下での聖賢釈尊の瞑想に他ならない教えの断片以外の何を学んだというのか(3)?

西洋がつくりだしてきた思想も、学問も、科学も、仏陀の瞑想に包摂される教えの断片にすぎないのではないか。西洋の生んだ思想の中で、これほど大胆な認識が語られたことはおそらくなかろう。この当時のレヴィ＝ストロースは『親族の基本構造』(一九四九年)を出版したばかりで、まだ構造主義の思想は建設の途上にあったし、若いときから彼の思想を導いてきたマルクス主義の影響も濃厚に残っていた頃である。そうした彼の思想的坩堝《るつぼ》の中で、仏教が新たな光を放とうとしていた。

レヴィ＝ストロースがチッタゴン丘陵の僧院の中でこのような思索をおこなっていた当時、その僧院を取り巻くビルマ仏教自体が大きな思想的転回を体験しつつあったという事実を、ここで少しだけ話しておく必要がある。それはレヴィ＝ストロースの中で形成されつつあった構造主義の思想と仏教との関係を理解するためにも、どうしても必要な知識となる。

＊　　＊

一九五〇年といえば、第二次世界大戦終結からまだ日も浅かった頃で、ビルマがイギリスと日本の占領下を脱して、独立を達成してから二年しか経っていなかった。ビルマは古くから上座部仏教が厚く信仰されてきた国で、国民のほとんどが敬虔な仏教徒だった。独立運動の指導者たちも上座部仏教の環境の中で信仰をもって育った人々であったので、熱烈なナショナリズムと仏教を自らの思想的バックボーンとしていた。

独立運動は一種の「社会主義運動」として展開していた。独立運動のリーダーたちの多くは、アウンサン（スーチー女史の父親）をはじめとしてもともとがビルマ共産党を創設した仲間どうしでもあったし、その運動の中ではマルクス主義からフェビアン主義まで多様な社会主義思想が、若者たちを中心にビルマ人に多大な影響を及ぼしていたのである。

ビルマの知識人の多くが、このときはじめてマルクスを読んだ。敬虔な仏教徒である彼らの心に、この反宗教の革命思想がどのように読み取られたのか、これはきわめて興味深いテーマであるが、多くの歴史的資料が示すところを見れば、ビルマ知識人の多くが、マルクス主義と仏教は同じ目的を目指した思想であり、両者は共存可能であると受け取っていたことがわかる。(4)

たとえばビルマの第二代大統領となるウ・バ・スウェ(U Ba Swe)が一九五二年に著した『ビルマ革命』には、つぎのようなことが書かれている。

始めの頃、私はただ伝統に従っていただけの仏教徒でした。しかしマルクス主義を学べば学ぶほど、私はますます仏教にたいする確信を深めていきました……仏教を深く学んだ人なら誰でも、その教義がマルクス主義者となることになんの障害ともならないことを、正しく理解したでしょう……マルクス主義理論は俗世界のものごとを扱って、生活における物質的必要を満たそうとするものですが、仏教哲学は生活における精神的必要を満足させ、この俗世界からの解放を目指す思想として、精神的な問題の解決を目指しているのです。(5)

ウ・バのような考えは、当時のビルマの多くの人々に共有されているものだった。新しいビルマ国家の建設に携わっていた多くの人々が、ナショナリストであり、敬虔な仏教徒であり、かつ確信を持ったマルクス主義者であった。その考え方は遠くチッタゴンに住むビルマ人知識人たちにも浸透していたであろう。そう思ってみると、レヴィ゠ストロースを僧院へのフィールドワークに誘ったあの「案内の人」が、ただのガイドには思えなくなってくる。旅行の途中で二人の間にどんな会話が交わされたのか、私にはさまざまな想像がわいてくる。

これから調査に出向こうという地域の人々の実情を正確に知っておかなければすまないという、厳密な性格の民族学者であるレヴィ＝ストロースのような人のことである。仏教とマルクス主義の間に共通性ないし同一性を見出して、それを現実の国家建設に生かそうとしている、この仏教徒たちの考え方に深い共感を抱いて、さまざまな手段で情報を得ようとしていただろうと推測される。そのように考えると、『悲しき熱帯』の最終章に出てくるつぎのような文章は、今まで十分に考えられてこなかった新しい意味を帯びてくる。

人間をその第一次的な鎖から解き放そうとするマルクス主義の批判――人間の条件の表面に現われた意味は、人間が、彼の考察する対象を拡大するのに同意すれば、消滅することを人間に教える――と、解放を完成させる仏教の批判とのあいだには対立も矛盾もない。各々は、もう一方と同じことを異なる水準で行なっているのである。二つの極を結ぶ通路は東洋《オリエント》から西洋《オクシデント》へ行き、一方から他方へと――恐らく、ただその起源を確認するだけのために――移動する、解き難く結ばれた思想の流れが二千年紀のあいだの拡がりの中で完成することを人類に許した、認識のすべての進歩によって保証されている。信仰と迷信とが、人間のあいだの現実的な諸関係を問題にするとき溶け合ってしまうように、道徳は歴史に譲歩し、流動する形は構造と、創造は無と入れ替る。初めの遣り方の対称性を発見するには、それを自身の上に折り畳むだけで十分だ。その

諸部分は重ね合せられるのである。(6)

構造主義の思想がこのようにして鮮明な形を取ろうとしていたとき、火炉から取り出されたばかりのその構造主義の傍らには、仏教とマルクス主義があったのである。どちらも人間が自分を縛っている条件についての認識を拡大することによって、自分の体験している不正や苦悩から解放される道を、人間に教えようとしている。

マルクス主義は物質的な条件の中に、解放の道を探ろうとする思想である。「人間の条件の表面に現われた意味は、人間が、彼の考察する対象を拡大するのに同意すれば、消滅することを人間に教える」とは、表面に現れている意味は、深層の構造に認識が達するとき、消滅していくと語ろうとしている。意味は構造の表面効果にすぎない。陽炎のようなその表面効果のもたらす不正や苦悩と戦っているだけでは、真の解放には至らない。マルクス主義はその解放の条件を、第一次的な物質的現実の「構造」の中に探ろうとしてきたのである。

仏教は人間の精神的現実の中に、いっそう高い次元での解放を実現しようとしてきた。人間の精神にたえまなく発生してくる煩悩は、それを拡張された精神である「空」からとらえるとき、水に描いた絵のように跡形もなく消滅していくと、仏陀は教えた。煩悩は空と本性は同一であるが、空の表面効果として煩悩は生まれ、心を縛っていく。心に生まれているものを、外的な物質的条件の変化によって消すことはできない。心に生まれるものは、心自身によってしか消滅させることはできないからである。

チッタゴンの僧院の庭で思索するレヴィ＝ストロースは、ビルマの上座部仏教徒にしてマルクス主義者という人々と同じように、仏教とマルクス主義は矛盾も対立もしない、二つは同じことを異なる水準で果たそうとしていた思想同士であると考える人であった。そして彼が創造をめざしていた構造主義もまた、この二つと同じことを異なる水準で実現しようとする思想でなければならなかった。それは、レヴィ＝ストロースが仏教を実際に知る以前から、すでにして潜在的な「生まれながらの仏教徒」であったからである。

＊

＊

「生まれながらの仏教徒」としてのレヴィ＝ストロースは、まずは青年前期における熱烈な「ルソー主義者」の姿をとってあらわれた。彼はルソーの中に、しばらく後に発見することになる仏教やマルクス主義の底に潜んでいるものと同根の思想を見出し、心を燃え立たせたのであった。

そのことを私たちは、一九六二年にジュネーブでおこなわれたルソー生誕二五〇年記念祭におけるレヴィ＝ストロースの講演「人類学の創始者ルソー」の中に、まざまざと見ることができる。(7) 私には、その講演でレヴィ＝ストロースが、ルソーの根本思想をいわば「仏教の解読格子」をとおして読み解こうとしているように見える。

ルソーは自然な人間感情のうちに、「同胞が苦しむのを見ることに対する生来の嫌悪の情」（『人間不平等起源論』）を見出し、それを一切の反省に先立つ人間本来の原理とした。この原理に立つと、苦悩にたえずさらされている同胞たちの姿が思い浮かび、嫌悪の感情は憐れみ（ピティエ）の感情へと深まっていく。自分も含めてあらゆる人間同胞は「苦悩する存在」なのである。そのことへの憐れみの感情は、自然状態のうちに湧き上がってくる。その憐れみを「法、風俗、徳」の支配する社会状態において実行すること。それができなければ法も風俗も道徳も、意味を失うことになる。

最も貧しいものから始めて、生命のあらゆる形態に対する同化は、それゆえ、人間にノスタルジックな隠れ家を提供するどころか、今日の人類に、ルソーの声を通じて、すべての集団的な知恵と行動の原理を与えるものであります。それは、相互の思いやりがますます困難となり、それゆえにますます必要となっているこの混雑した世界において、人間がともに生き、調和ある未来を建設することを可能にする唯一の原理であります。この教訓は、おそらく、東洋の偉大な宗教のうちにはすでに含まれていたでありましょう。しかし、古代以来、人は人間性と動物性の両面に賭けることができると考え、人間とは二次的な規準によって自らを他の存在と区別するより以前に、それら他のすべての存在と同様に、生きかつ苦悩する存在であるという明白な真理を、ごまかすこともできると信じてきた西欧の伝統を前にしたとき、ルソー以外の、一体だれがこの教訓をわれわれに与えたでしょうか(8)。

まるで仏教によって解釈し直されたルソー論のようではないか。じっさい仏教の教えるところとルソーの考えたところは、非常に近い。人間が苦悩する存在であることを、仏陀は最初の説法から説き始めている。仏陀は苦悩が人間の中でどのように発生し、持続し、拡大していくのかを、詳細に分析する。

人生苦のおおもとは老いと死にある。老いも死も自然現象であるから、動物はそのことで苦悩しない。しかし人間は「私」という自我の意識を持つために、それが衰弱し消滅していくことを恐れる。仏陀はこの老死への恐れが、生への執着を生み、その執着が有（存在）の世界にたいする執着を生んでいくことを説く。そこからもろもろの事物が縁起でつながっていく「十二支縁起」の現象世界がつくられていく。

十二支とは老死、生、有、取、愛、受、触、六処、名色《みょうしき》、識、行、無明をあらわす。有の世界に置かれた生は、外部の事物を自己の内部に取り入れようと欲望する。そこから愛を求める渇愛が発生する。渇愛からは憎悪や恨みや妬みの想念が発生する。それゆえ愛こそが、人が体験する苦悩の根底をなすとも言える。

愛は受につながっている。受とは外からの刺激を受けて感情が発動することをいうが、自分の外にある対象にたいして苦楽の感情を味わうことになる。愛が外界に触れ合うには五つの感覚（触）が必要で、それは六つの感覚器官（六処）をつうじて作用する。感覚器官からもたらされる刺激を、心の作用に組織立てるのが名色である。この名色に縁起することによって識が起こる。この識が統一されて認識作用がつくられる。この識の作用が積極的に外界に向かうとき、行すなわち行為がなされる。こうした縁起の全過程が、無明という妄想に突き動かされているのである。あらゆる生命存在を突き動かしているのがこの無明であり、生そのものが無明の上に生起している。無明を原基として、縁起につながれた全過程が動きながら、苦悩をもたらすのだ。無明に閉ざされているかぎり、どんな生き物も苦悩を生み出す縁起の過程から、脱け出すことができない。

自分も含めたすべての生命が、苦悩する存在なのである。そのことに気づけば、この世界での唯一の希望は、同じ苦悩する同胞にたいする「憐れみ」への能力を養うことである。この憐れみの感情は仏教ではルソー以上に根本的な存在の原理である「慈悲」につながるものととらえられている。

慈悲は存在の本性（仏性）にそなわっている原理なのであり、憐れみの感情さえも包摂している力である。

しかし自己と他者を分ける心作用があるかぎり、この慈悲は発動しない。自己と他者がともに苦悩する存在として「同一である」ことを認識するとき、抽象的な原理である慈悲は、あらゆる具体性をまとって、世界に具現化する。

ルソーの言う「憐れみ」、仏教の教えるところの「慈悲」こそが、人間の従うべき行動の原理となる。ルソーは、仏教と同じようにして、人間の根本条件を明らかにすることによって、そこからの脱却の道を示そうとしている。レヴィ＝ストロースはマルクス主義と仏教は「同じことを違う水準でおこなおうとしている」と書いたことがあるが(9)、ルソーの思想と仏教はそれよりももっと近しい関係にある。

そのようなルソーの思想が、構造主義が生み出された思想的創造の坩堝の中で、決定的な役割を果たしたのである。その役割とは、ソシュールやヤコブソンの言語学が果たした役割よりもさらにいっそう深いレベルで、構造主義という思想の土台をつくっている。

仏教の中の構造主義

レヴィ＝ストロースによって構築された構造主義は、民族学（人類学）を主な研究領域としている。近代文明とは異なる発達をとげてきた社会、とくに自然人の暮らす「未開」と言われた社会を研究することによって、人間社会の基礎を探ろうとする学問である。この民族学という学問そのものがルソーによって「創始」されたとレヴィ＝ストロースは考える。

ルソーは、自然人を理想化するというディドロの過ちを、決して冒しはしなかった。彼は、自然状態と社会状態を混同するようなことはしていない。彼は、後者は人間固有のものであるが悪を伴う、ということを見抜いていた。残された問題は、これらの悪が、それら自体、社会状態に固有のものかどうかを知ることにある。それゆえ、悪弊や犯罪の背後に、人間社会の確乎たる基礎を探るべきなのである。

この探求に、民族学的な比較は二つの遣り方で貢献する。この比較は、人間社会の確乎たる基礎は、われわれの文明の中には見出され得ないだろうということを示している。観察されたすべての社会のうちで、われわれの文明は恐らく、この基礎から最も隔たった社会であろう。他方、この比較は、人間社会の大部分に共通した性格を取り出すことによって、どんな社会も忠実に再現してはいないが、研究が進むべき方向を明示するような一類型を作り上げる助けをしてくれる。ルソーは、われわれが今日新石器的と呼んでいるような生活様式が、それに最も近い実験像を提供すると考えていた。彼に賛成する人も反対する人もいるだろう。私は、彼が正しかったと信じる方にかなり傾いている。(10)


民族学は人間社会の基礎を見出そうとする学問である。ルソーの考えではその基礎は、発達した私たちの文明の中にではなく、新石器的と呼ばれている社会を一つの実験像として探求するのが、もっとも実りある結果を期待することができる。そしてレヴィ＝ストロースはこのルソーの思想に可能性を見出している。こうして「生まれながらの仏教徒」たるレヴィ＝ストロースの中で、新石器社会を研究する民族学とルソーと仏教が、三角形を形作っているのがわかる。

この三角形の中で、ルソーと民族学の関係が明らかとなり、ルソーと仏教の近さが明白なものとなったいま、立証しなければならない問題とは、仏教と民族学の本質的なつながりである。民族学者であるレヴィ＝ストロースの中で、この二つがはっきりと結びついていることはわかったが、それが単に彼の個人的志向にすぎないものではなく、両者の基礎から言って、必然的に結びつかざるを得ない本質を持っていることを、立証できなければならない。

それには仏教をその成り立ちの基礎から考え直してみる必要がある。シッダールタ少年がサーキャ族の王子として、ヒマラヤ山脈の麓のタライ盆地に生まれた頃、この小国はマガダ国やコーサラ国などの大国に囲まれていた。その頃のインドには、新石器社会から抜け出して部族国家を形成する動きが盛んで、アジア系のサーキャ族のつくったこの国も、そうした部族国家の一つだった。

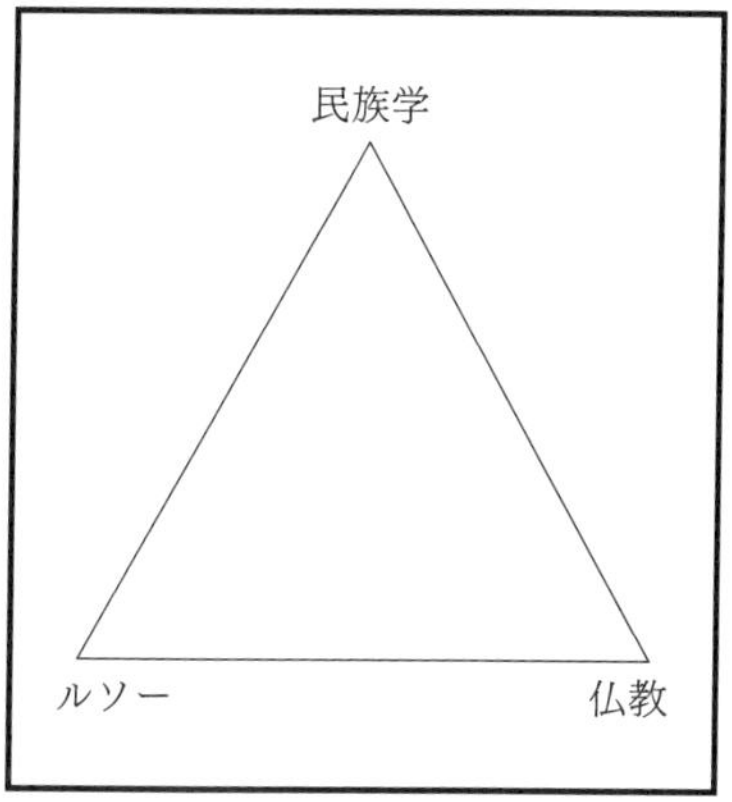

周囲はアーリヤ系の部族によって建てられた国家が取り巻いていたが、そうした国家群に比較すると、サーキャ族の国家はほんとうに小さく、また国家をつくっている原理も周りとは異なっていた。アーリヤ系の国家は専制的な王のいる君主制であった。それにたいしてサーキャ族の国家には王はいても専制王ではなく、国の体制は共和的な制度によっていた。

サーキャ族の国の周りにはミティーラ族の国をはじめとして、いくつもの共和制的な小国が散在していた。これらの小国家は「サンガ」的な国家と呼ばれていた。新石器以来の部族的な集団が、自然に連合することによって形成されたのがサンガ国家である。そこには新石器以来の社会組織が生きていた。その自然な連合のあり方のことを、サンガと言ったわけである。

サンガは新石器的な社会組織の特徴を残している。新石器社会では、系譜関係で結ばれたリネージ（同じ出自を持つ親族集団）をもとにして出来上がっている。リネージの集団が小さな政治単位となって、ムラがつくられ、よそのムラと結婚や交易や祭り（ときには戦争）をつうじてつながっていたが、それ以外のことではむしろよそのムラとはよそよそしい関係にあった。つながりながら切断されているという離散的な関係を保ちながら、「隣人は友にして潜在的な敵」という連合の形態をつくっていた。

ところが大国は、それとはまったく異なる原理でつくられていた。新石器社会には王も臣民もいないから、互酬的な贈与交換によって社会はつながっていた。ところが専制王によって民や奴隷とされた民衆は、収穫物や労力を税として貢納しなければならなくなる。王はその税を使って、王宮をつくり宮廷を経営し、軍隊を組織して他国と戦争したり、運河を掘るなどの土木工事をおこなう。社会の階層化が始まり、インドでは互酬的な原理で運営されていた職能集団間に、強い階層性が発生するようになった。こうしてインドにカーストの制度が固まっていった。

サーキャ族の国のような部族的な小国家は、たえず大国からの圧迫や侵略を受けていた。二九歳になったシッダールタが出家を敢行して王城を去り、苦行の果てにブッダガヤの菩提樹下に悟りを開いてからしばらくした頃、サーキャ族の国は隣国の大国コーサラの攻撃を受けて、滅んでしまった。周辺の多くのサンガ国家も、同じ運命をたどった。このときインドでは、新石器社会は完全に没落していった。

そのことは仏陀の教えのすみずみにまでいきわたっている。仏陀は「縁起」の理法を説いた。孤立した事物というものはなく、あらゆるものが相依相関しあいながらつながりあっていて、世界は全体運動をしている。個物は一つ一つが自律しているが、縁起によってつながっているのであるから、個物に「これ」とか「あれ」という実体はない。実体と思えるものは幻影である。「私」というものでさえ実体を持たない。「私」がないのだから「対象」もない。もともとないものに人間は執着して、苦しんでいるのである。

ここには高い精神的次元に移されて再構成し直された、新石器社会の原理を再発見することができる。新石器社会はリネージによって構成されていたが、このリネージ社会では絆と切断が同居している。そこでは国家にまとめられた社会のように、住民が均質な「国民」にされてしまうことがない。絆のつながりの中でも個体性がなくならず、国民のような幻想的概念がつくられない。これが部族社会の原理である。

こういうリネージの原理を高い精神的次元に移すと、縁起の理法に対応する考えが生まれる。縁起の理法では、連続性と個体性は矛盾なく同居している。そこではどんなものも「有り」かつ「無い」のである。新石器のサンガ社会は、このような個人からなる社会だったので、それが大きな国家のようなものに発展していく可能性を、自らに閉ざしていたと言える。

仏陀は自らの教団をこういう「サンガ」の原理によって組織立てた。サンガの内部ではすべての者が平等でなければならなかった。外の社会でその人が持っていた地位や財産や家柄は意味を持たなくなり、インド社会の基礎をなすカーストさえも否定された。そこには真理を説く仏陀だけが権威であって、世俗的な意味での権力を持つ者は一人もいない。財産の私有も否定される。サンガに寄進された富は、すべての出家者によって分有される。何も所有しない平等な出家者には、位階制も発生することができない。

またサンガに入った出家者は、生産をしてはならないとされた。これは当時の大国家を支える経済原理を、まっこうから否定するものである。大国家のもと、生産力の著しい発達が起こり、私的所有による富の蓄積が進行していた。そういう時代に、仏教のサンガは生産をせず、所有もせず、富を蓄積することも否定して、都市の周辺を托鉢して回ることによって、生産者である都市住民からの「贈与」によって生きる生き方に徹したのである。

新石器社会の「未開人」は狩猟採集の経済によって生活した。この経済では人間の労働は、根本で自然からの贈与に依存していた。農業をして自然に改変を加えたり、商工業のように自然のもたらす第一次産品を加工する産業などを、自らに禁じて、都市に托鉢してそこの住民からの贈与によって生きるという、新石器の狩猟採集を新しい次元に再構成し直したものが、サンガの贈与経済であった。

托鉢する出家者たちに食物を施す民衆たちは、このとき狩猟者に動物や果実を与える森の自然の立場に立つことになるが、それによって自然を搾取する者が、出家者という人間たちに与える者へと変貌する。こうして都市の誕生が世界につくりだした非対称な関係は、一種の神話思考の作用によって、擬似的な対称性を回復できるようになる。

仏陀の教団はこのようにさまざまな巧妙なやり方を案出することによって、新石器社会の基礎構造を都市国家のただなかに、再出現させようとしたのである。かつては日本の仏教学者の中にも、このような視点に立つ人々が何人もいたもので、同時代のビルマの上座部仏教徒のマルクス主義者と同じように、初期仏教の出現の過程をつぎのように描くことができたのだった。

種族〔部族。本書著者注〕社会こそ仏教発生の真の母胎であり、非アリアン的ないし反バラモン的な種族宗教こそ、仏教の萌芽の基礎となっていることを確認しなければならない。種族社会はすべて解体すべき運命にあった。

仏教は人間的な真の自由、平等、慈愛が息吹いていた種族社会の宗教的再建をめざしたものであった。したがって、マガダの奴隷制国家を中心に発展した仏教が革新的な宗教として階級否認、人間平等の思想を抱く市民的ブルジョアジーに迎えられた秘密も、ここに認められるであろう。(11)

こうして、仏教と民族学（人類学）を結ぶ真のつながりが明らかとなる。どちらも新石器社会を思考の基軸として、人間性の本性を明らかにしようとしているのである。民族学は新石器社会の中に人間社会の基礎を見出そうとして、いわゆる未開社会を研究する。この学問の「創始者」であったルソーが考えたように、未開社会は人類のユートピア状態を示すものでも、また森林の中に残された完全なる社会などでもないが、それを研究することによって、私たちは人間社会についての一つの理論的モデルを構築する助けとなるのである。

そのモデルは、観察し得る如何なる現実にも対応しないが、その助けを借りてわれわれは、「人間が現にもっている自然のうちに、本来のものと人工的なもの」を判別し、「もはや存在せず、恐らく決して存在しなかったし、これからも多分永久に存在しないであろうが、それについての正確な観念をもつことは、われわれの現在の状態をよく判断するために必要であるような一つの状態をよく知る」ことが出来るようになるだろう。(12)

これに対して仏教とくに初期仏教は、新石器社会を人間が人間の条件を超え出ていくための実践的なモデル（範型）として活用しようとした。仏陀は、生産力が著しく発達して、私的所有や富の蓄積が進行し、カーストが補強されていく専制的な国家の中では、人間に苦悩をもたらす諸原因が減少していくどころか、制御不能の状態にまで増大していくことが見えていた。そこから抜け出すために、新石器社会に範型を求める新しいサンガを、都市国家のただなかにつくりだそうとした。そのサンガは決して過去に存在した現実の社会のどれとも同じではないし、いまだかつて存在したこともない社会形態となるであろう。

このようにして、仏教は新石器社会の範型を自分の鏡として、サンガの共同体をつくった。民族学が人間の条件をその中に探り出そうとしている新石器社会に、仏教は人間が向かっていくべき未来の形態の祖型を見ていたことになる。民族学と仏教は、未開社会という共通の鏡を間にはさんで、ちょうど向かい合わせの位置に立っている。その両者にまたがるようにして、レヴィ＝ストロースの構造主義は構築されている。

それゆえ構造主義を、民族学（その「創始者」はルソーである）と仏教思想を共通の母胎としながら、ソシュールとヤコブソンの言語学の力を借りて創造された思想と見ることも可能である。二十一世紀の思想として、これからも彼の構造主義が生き続けるとしたら、この視点を抜きにすることはできないであろう。

構造主義の中の仏教

残された課題は、構造主義そのものの中に仏教思想との共通の「主題」が内包されていることを、明らかにすることである。構造主義は人間科学の現代的方法である。その科学が用いる方法の中に、仏教思想と同一の主題が含まれているとは意外に思われるかもしれないが、じっさい構造主義と仏教が異なる問題領域で同じ思考を追求していたり、現実の違う位相で共通の問題をよく似た方法で扱っているのを見出すのは、それほど難しいことではない(13)。

＊　　＊

まず「**二元論の超克**」という仏教と構造主義に共通した主題をあげることができる。レヴィ＝ストロースの構造主義は、主体と客体、精神と身体のような二元対立によって思考する傾向の強い西欧の伝統を否定して、二元論からの脱却を重要な主題としてきた。それをおこなうために構造主義は、新石器的ないわゆる「未開社会」を研究対象としてきたのであるが、そこでは二元論的な思考がほとんど意味を持っていなかった。そのため、先住民社会の文化を分析する構造分析は、自ずから非二元論的な思考をそこに発見することになったのである。

レヴィ＝ストロースの研究はおもに親族論と神話論の二分野で展開されてきた。この二つの分野で、先住民社会は非二元論思考によって、現実に対処してきた。たとえば親族論の領域では、「贈与論」的なものの考え方が基礎をなしている。贈与の行為では、贈り物を介して、送り手と受け手がたがいの結びつきを確認する。結婚がこういう贈与行為の雛形を示す。二つの集団の間に花嫁の交換によって結婚が成立するとき、花嫁となった女性は自分の生まれた集団とは異なる、夫の集団にも所属することになる。そして子供が生まれる。子供は初めから混交的存在である。

たしかに子供の出自を父方にするか母方にするか、結婚後の居住場所を父方にするか母方にするかで、やり方は社会ごとに違っている。しかし結婚という制度を通じて、二つの集団の間に混じり合いが起こり、どちらのものとも決めかねる生物的、心理的要素が発生することになるから、こと親族論の領域では物事をくっきり二つに分ける二分論の思考は適用することができない。贈与論がつくりだすこのような事実を基礎として、先住民社会における神話や儀礼などがつくられる。それゆえ、贈与的な親族論を扱う研究には、二元論は無力なのである。

じっさい神話で展開される論理は、さらに徹底して非二元論的である。神話でもっとも重大な主題は、生と死の対立である。私たちの社会では、生と死が分離される傾向にある。二つは別のものと考えられているのである。ところが新石器的な社会では、生と死は分離されない。生と死は弁証法的に結びつき、二つの共存と混交の中から、現実の世界は作られている、と考えられている。

こういう神話を分析するとき、構造分析では生と死の対立という「バイナリー・オポジション（二項対立）」の設定から出発する。しかし神話の展開は、そのまま二元論的な世界をつくりあげていくのではなく、いつのまにやら初めの二項対立を乗り越えて、死が生を生み出し、生が死によって育まれる世界像が描かれる。

そのとき同時に、はじめに設定された正義と偽りの対立や美と醜の対立なども、相互転換を起こして無意味に転化していくように展開していく。これは構造分析が対象にしている社会の思考法の特質を示しているばかりではなく、構造分析じたいがそこから取り出そうとしている人間の無意識的な思考が、そのような非二元性を本質としているからである。

生と死、真と偽、美と醜、内と外、男と女などが切り離されることがなく、相互に相手を「呑み込みあっている」社会の特質を、レヴィ＝ストロースは「食人」の風習の意味にからめながら、つぎのように語っている。

アントロポファジー〔人間を食うこと〕の慣行をもつ社会、すなわち脅威となる力をもつ個人を食ってしまうことがその力を無力にし、さらに活用しさえするための唯一の方法であると看做している社会と、われわれの社会のようにアントロペミー〔人間を吐くこと〕（ギリシア語の「エメイン」〔吐く〕に基づく）と呼び得るかもしれないものを採用している社会とである。同一の問題を前にして、後者は逆の解決、つまり脅威となる存在を、人間と接触しないよう、この用途に当てられた施設の中に一時的または恒久的に隔離して、社会体の外に追い出すことから成る解決を選んだ訳である。われわれが未開と呼ぶ大部分の社会では、この習俗は深い恐怖を与えることだろう。(14)

ここでレヴィ＝ストロースは私たちの社会といわゆる未開社会とにおける、刑罰や司法の考えの違いを浮き立たせるために、アントロポファジーとアントロペミーという対立を用いているが、ここで言われている「ファジー」と「ペミー」の対立の深層にあるのは、「非二元論」と「二元論」の対立にほかならない。

二元論の思考では、「我々」と「他者」がはっきり二つの概念に分離されていなければならない。

そのためには「我々」の内部に混在している「他者」を外に吐き出して、二つを区別しなければならない。ところが、非二元論の思考においては、「我々」の内部に異質な「他者」が混在し、互いに混じり合って混交システムを作り出すことになる。それが実現されるためには、「他者」を食べて、自分の中に呑み込む必要がある。この思考法を突き詰めていったところに「食人」の習俗も発生するのだから、それは新石器的思考の範囲内に収まることになる。

構造主義はこのような非二元論でつくられた文化を研究してきた。そのなかで西欧的な二元論の思考が、人類の普遍ではなく、むしろ非二元論のダイナミズムを失った変形ないし硬直化であることを、さまざまな領域で明らかにしてきた。西欧的二元論の超克をめざす構造主義は、こうして非二元論の立場にはっきりと立ってきたのである。

まさにこの場所に、私たちは「構造主義の中の仏教」を見出すことになる。仏教こそが断固として二元論に反対して、非二元論の思想を組織的に展開してきた、当時としては稀有な哲学を確立してきたからである。その傾向は大乗仏教の中で大いに発達させられた。

二元論では、世界に二分割を導入する極端な概念（生／死、善／悪、恒常／無常、存在／非在など）が立てられ、それをもとにして思考が進められる。仏教はその考えを否定して、二元論的分割によらない「中道」によってのみ、現実を観察する真実の方法が得られると説く。ある大乗仏典にはこうある。[15]

さらにまたカーシャパよ、中道すなわち存在についての真実の観察とは、物体（色）について、恒常でもないとみる観察、無常でもないとみる観察である。（同じように）感受（受）について、想念（想）について、形成力（行）について、認知（識）について、恒常でもないとみる観察、無常でもないとみる観察である。カーシャパよ、これが中道であり、存在についての真実の観察と言われる。

カーシャパよ、恒常であるというならば、これは一つの極端（辺）論であり、カーシャパよ、無常であるというならば、これももう一つの極端論である。これら恒常と無常との二つの間の中正なものは、形をもたないもの、見られないもの、あらわれ出ないもの、認知されないもの、基底のないもの、名づけられないものである。カーシャパよ、この（ように観察する）ことが中道、すなわち存在についての真実の観察と言われる。

カーシャパよ、自我があるというならば、これは一つの極端論であり、無我というならば、これももう一つの極端論である……カーシャパよ、心は実在するというならば、これは一つの極端論であり、心は実在するものではないというならば、これももう一つの極端論である。カーシャパよ、思惟（思）もなく、意（マナス）もなく、認知（識）もないところ、カーシャパよ、これが中道であり、存在についての真実の観察である。

ここには、新石器社会の野生的な「アントロポファジー」的非二元論を、高次元の哲学的思考につくりかえた、仏教による非二元論を見ることができる。野生の非二元論では、同一性をもったあるものにはそれとは異質な別のものが混じり合うことによって、どちらでもない第三のものがつくられ、この第三のものの内部で弁証法的な変換がおこなわれることによって、世界の真実があらわれるという思考がおこなわれる。構造主義はそこにあらわれてくる非二元論の思考を、一つの哲学的思考にまで高めようとしてきた。

仏教の非二元論でも同じように、二つの極端を退けることによって「中道」という実在が現れてくる。どちらの思考でも、現実を一つないし二つの極端な概念で理解するのではなく、そのどちらでもない中道の視点から、世界の真実を見ようとするのである。

仏教と構造主義は、こうして共通の主題をもって、現実に立ち向かうことになる。レヴィ＝ストロースがそのことをあからさまに論じることはなかったが、ときおり日本の仏教僧について書く気軽な文章などに、仏教と構造主義の親密な関係が、隠し立てなく語られることがあった。

江戸時代の禅僧にして画家の仙厓《せんがい》義梵《ぎぼん》について書かれたエッセイ「仙厓　世界を甘受する芸術」などが、それである。彼はそこにこう書いている。

一切の二項対立を超えて、美と醜の対立がもはや意味をもたなくなるような状態に達することなのである。それは仏教で「如是」(ainsité)と呼ばれている。どんな区別よりも先にあって、是《かく》のごとくに(ainsi)あるという事実による以外、定義できないものなのである。……禅画は独自のやり方で、仏教思想の精髄を表現している。それは存在と物に一切の永続性を認めず、存在と非存在、生と死、空虚と充実、自己と他者、美と醜の区別が消える境地に悟りによって到達しようとするものだ。そして同じ原理の名のもとに、この状態に到達するにはあらゆる方法が有効であり、禅は、世を超越する瞑想、地口、愚弄のあいだに、まったく価値の上下を認めていない。(16)

仙厓義梵は臨済宗の禅僧であったが、戯画的な禅画によってよく知られた人物である。戦前の昭和では何度かの仙厓ブームが起こっているほどで、浮世絵をはじめとする日本絵画のファンであるレヴィ＝ストロースは、早くからこの僧に関心を寄せていた。

禅では諧謔精神を発揮して、事物を上品なものと粗野なもの、高級とされるものと下品なものを区別して、上下の価値判断を与える常識に挑戦して、価値の転倒や区別の無化が実践される。この諧謔精神は神話においても重要な役割を演じる。神話の主人公たちはしばしば、常識的な価値の秩序を無視して、世間の価値づけでは醜いもの、劣ったもの、汚いものに進んで触れていくことによって、状況に重大な変換をもたらすのだ。

醜いもの、汚いものとの接触を意味場の問題に転じてみると、二つの離れた意味場が短絡することと考えることができる。この意味場の短絡という技法は、神話の構造分析でも重要な働きをする。

『神話論理』の「終曲」で論じられたように、意味場の短絡は人間に笑いをもたらすが、この笑いこそ禅の悟りと神話の知恵にとって、実存の深みを開く上できわめて大きな働きをする。

二つの意味場の短絡は、レヴィ＝ストロースの神話の構造分析でも、重要な意味を持っている。神話の研究が開始された当初とりあげられたのは、古代ギリシャのオイディプス神話であった。この神話では若きオイディプスが怪物スフィンクスと出会い、謎かけの挑戦を受ける場面が描かれている。

仙厓「猫の恋図」(wiki PD)

仙厓「を月様幾ツ　十三　七ツ」(同上)

「朝は四本足、昼間は二本足、夕方には三本足の者は誰？」という謎に、オイディプスは「人間」と答えて、みごと怪物を打ち倒すことができた。ここで起こっているのが、意味場の短絡である。

この意味場の短絡が、さまざまな事象を引き寄せてくる。この神話はそれを疫病と近親相姦の予言と結びつけているが、これらは笑いと同様、過剰な自然状態をあらわす要素として、神話論的に「同値」である。オイディプスは禅僧のように意味場を短絡させることによって、日常的な意味の秩序（これは二元論によって構成されている）をひっくり返してしまう。構造分析にとっても神話にとっても、意味場を短絡させる行為は、非二元論の意味実践なのである。

かくして仏教は非二元論の思想をとおして、神話と構造主義とに深く結びついていることがわかる。構造主義の深部には非二元論が深く埋め込まれており、レヴィ＝ストロースはそのことを強く意識しながら、神話の分析を続けてきた。

＊　＊

レヴィ＝ストロースの神話分析でもう一つ重要な役を演じているものがある。それは「変換transformation」である。神話はそれ自身では完全に自分の意図を実現しきれない。そのために神話は出来上がるや否や、自己変形を始める。神話を構成するコード群を入れ替えて、別の神話への変換を起こし始めるのである。神話の意図を知るためには、それらの互いに変換関係にある神話を可能な限り集めて、変換の過程を追跡することによって、体系の全体像を明らかにする研究が必要になってくる。レヴィ＝ストロースの『神話論理』がまさにそのような研究である。『神話論理』の出発点は、南米アマゾン流域のボロロ族の「鳥の巣あさり神話」である。樹木や岩壁の頂に一時的に追放された主人公が、ふたたび地上に降りてきて「火の主人」になるという神話であり、これには周辺部族の伝えるたくさんの異文がある。ここから出発して、南米の諸部族から北米平原部の諸部族へ、さらには北米北西海岸の諸部族へと、膨大な数の異文の分析を進めていく。その変形群（まさに数学的な意味の「群」をなしている）の最後には、人間集団と天界の住民すべてを巻き込んだ戦いへと展開していく。南米神話はこの体系の中で「弱いヴァージョン」をあらわしており、北米のものは「強いヴァージョン」を示しているが、両者は同じ「唯一の神話」の異なる表現をなしている。

しかしここで言われている「唯一の神話」が、確定した一つの神話として表現されることはない。互いに変換関係にあるすべての神話群が集まって、この「唯一の神話」をあらわす。変換の体系全体が、その「唯一の神話」という潜在体を表現しているのである。

神話の宇宙を巨大な変換の体系ととらえることによって、構造主義は大乗仏教のもっとも重要な思想である「**縁起 pratitya-samutpada**」に、大きく接近する。

仏教では通常の悟性がとらえている「分別」の世界と、縁起によって動いていく全体知性である「無分別」のとらえる「法界」とを、分けて考える。分別と無分別は別のものではなく、もともと一体のもので、無分別の知性がロゴスによって頽落すると分別に変貌する。分別の世界では、物事は二元論によって理解される。ところが縁起で動く法界では、あらゆる事物は二元論を超えたところで、互いに相依相関しながら関係しあっていく。

人間の心においては、この分別する二元論的知性と無分別の非二元論的知性が協働して働いている。合理的思考が要求される場面では、分別知のほうが優勢に働くが、夢や無意識や瞑想においては、非二元論的な縁起の知性のほうが優勢を取り戻すことになる。心理学の用語を借りれば、意識＝前意識はロゴス的な分別で活動しているが、無意識は縁起的な無分別の領域である。

縁起する全体運動である法界という心の領域を、仏教は「楼閣」と呼んでいる。これは構造主義の考える「構造」とほぼ重なる考え方である。集合が部分集合を内包するように、楼閣はたくさんの楼閣群の重なり合いでできている。しかもそれらの楼閣は運動をはらんでいる。それぞれの楼閣はお互いのことを自分の中に映し込みながら、相互間で情報を受け渡しあっている。その様子を『華厳経』はつぎのように描いている。

すべてのものが隔在せず溶け合っているのだが、それでいて一つ一つのものが個性をけっして失うことがないように荘厳されている。個体の像が一つ一つのものに映じている。しかもそれはただ特殊な場所だけでなく、楼閣の全域にわたっていたるところでそうなっている。すべての像が完全に相互映発しあっている。(17)

仏教の縁起論に述べられているこれらのことは、すべて構造主義の言葉で言い換えることができる。すなわち——神話の宇宙は巨大な構造体をなしている。その構造体の内部には、無数の部分的構造体が含まれていて、それらの全体が共鳴しあいながら、一つのメッセージを発しようとしている。それぞれの構造体はお互いを自分の中に取り込んで、相互に映発しあっている。すべての神話は隔在することなく溶けあっているのだが、それぞれが個性を失うことなく自分を主張している。こういうことが神話の宇宙の全域で起こっている。すべての神話は相互映発しあっているのである。

ただ一つだけ、仏教思想と神話の研究の違いがあるとしたら、縁起の理法で動く法界はどこにも特定の出入り口のない曼荼羅の構造をしているが、神話の宇宙には端緒がある、という点である。『神話論理』は鳥の羽根を探して樹上や崖の上に取り残される若者をめぐる「鳥の巣あさり神話」を出発点にして、天上界の神々と地上の人間との大戦争にまでたどりつく経路をたどって、神話の宇宙の全体構造にたどりつこうとしているが、この出発点も到達点も、ほんとうの出入り口ではない。それは別のところに隠されている。レヴィ゠ストロースによれば、それこそがほんものの、しかし決定不能をはらんだ「火の起源神話」にほかならない。

つまるところ、神話論理の体系として絶対的に決定不能な場面はひとつしか存在しない。あいつぐ変換をつうじてこの唯一の場面にそなわる基本的な輪郭が浮かびあがり、ひとつの対立、より正確にいえばあらゆるデータの筆頭にあたる対立の言明へと、その決定不能な場面は還元されることになる。

一見たがいにきわめて異なり、しかもそれぞれがじつに多様な要素からなる数百篇もの物語の根幹には、連鎖的な確認事項の一系列が見いだせることを、われわれは本巻の最終部分をつうじ立証することになるだろう。すなわち、まず天が存在し、地が存在する。だが、天地両界のあいだに均衡は見いだせまい。そこで、火という天の事物が地上に存在することは、ひとつの謎となる。けっきょく、天の火がいまや家の炉として地上に存在するからには、あらかじめ地上から天に火をとりに行っていなければならなかった。[18]

神話が起動されるためには、不均衡や非対称が必要なのである。世界は対称性の破れから発生する非対称からつくられた。この状況を人類は、高と低、天と地、陸と海、近と遠、左と右、男と女などの非対称な二項をつかって把握し、そこから神話的な思弁を始動させた。そして神話をつうじて、「いまだかつて存在したことがなく、いまも存在せず、これからも存在することはない」（ルソー）失われた均衡を取り戻そうと試みた。

その回復不能な均衡、失われたままの対称性を、仏教は壮大な縁起論の哲学と組織的な瞑想によって回復しようと試みたのである。仏教とは神話的思考の夢であり、その到達点である。それゆえ、構造主義が自らの内部に仏教思想を組み込むことになるのは、レヴィ＝ストロース個人の思想的資質を超えて、この思想にあらかじめ定められた運命だったとも言える。

構造主義の中に埋め込まれている仏教思想は、それだけではない。私たちは「無我」と「無常」についても、最後に足早に語っておかなければならない。

レヴィ＝ストロースによるつぎのような言葉を、「私」というものは存在しないという「無我」の思想を語る、大乗仏教の思想家の誰かが語った言葉として教えられたとしても、少しもおかしなところはない。

＊　＊

私は以前から現在にいたるまで、自分の個人的アイデンティティの実感を持ったことがありません。私というものは、何かが起きる場所のように私自身には思えますが、「私が」どうするとか「私を」こうするとかいうことはありません。私たちの各自が、ものごとの起こる交叉点のようなものです。交叉点とはまったく受身の性質のもので、何かがそこに起こるだけです。ほかの所では別のことが起こりますが、それも同じように有効です。選択はできません。まったく偶然の問題です。(19)

このような「無我」の思想の実践として、『神話論理』は書かれている。神話が自己変換によって変化していく過程に、著者（レヴィ＝ストロース）は可能なかぎり介入しないのである。神話自身が自分でコード変換をおこないながら、別の神話に変わっていく、その過程を著者は受動的に見守るだけである。著者＝分析者はここではさまざまな神話が生起し、往来していく交差点の役目しか果たさないように、神話分析という無我の行が進められていく。

人間科学の現場で、これほど完璧に近いかたちで無我の行が実践されたことは、ほとんど前例がなかろう。無我によって初めて法界縁起の領域が開かれるように、レヴィ＝ストロース的無我をとおして初めて、巨大な神話体系の宇宙が開かれたのである。

ミッシェル・フーコーも「主体は存在しない」ことを語ったが、その後の彼の仕事ではその思想はあまり生かされることがなかった。最後まで自分が西欧人であることを捨てようとしなかったフーコーには、この命題がはらむ仏教思想の入り込む隙間はなかった。しかし「生まれながらの仏教徒」であるレヴィ＝ストロースはなんの造作もなく、「無我」を自分の構造主義の支柱の一つとしたのである。

もうここまでくれば、『悲しき熱帯』の最終章に書き込まれたつぎのような文章を知っても、私たちは少しも当惑したりしないだろう。

世界は人間なしに始まったし、人間なしに終るだろう。制度、風俗、慣習など、それらの目録を作り、それらを理解すべく私が自分の人生を過して来たものは、一つの創造の束の間の開花であり、それらのものは、この創造との関係において人類がそこで自分の役割を演じることを可能にするという意味を除いては、恐らく何の意味ももってはいない。……人間の精神が創り出したものについて言えば、それらの意味は、人間精神との関わりにおいてしか存在せず、従って人間の精神が姿を消すと同時に無秩序のうちに溶け込んでしまうであろう[20]。

ここに書かれていることを、大乗仏教が「無常」の瞑想をおこなうときに使ってきた導き書と照らし合わせてみるとき、あまりの思想的類似性に驚かされることになる。仏教の無常の瞑想では、まず宇宙全体の生成と壊滅について考えることから始める。アビダルマの哲理が語ったのは、宇宙は少しも固定したものではなく、なにも存在しなかった空間に渦巻状の運動が発生し、その運動の中から世界構造が自然に生成されてくる様子の詳細であった。

この世界は二十劫（カルパ）もの長い間にわたって存続し、十九劫かかって地球環境がつくられ、続く一劫かけてさまざまな生き物をつくりだしてきた。その中に人間という生き物も生まれた。人間はどんな生き物にもまして強い煩悩を抱いていて、言葉をしゃべり、象徴を操ることができた。そして多様な文化、文明を生み出した。しかしその人間にも滅びの時がくる。世界には人間はいなくなるのである。そしてそこからふたたび二十劫かけて、宇宙が壊滅していく過程が始まる。宇宙が完全に壊滅すると、あとには始まりのときと同じ空虚な空間が残り、また二十劫という長い間、何も存在しない状態が続くが、そのあとにふたたび宇宙生成の過程が開始される。しかし今度の宇宙は前のとは違う構造をしていて、そこに発生する生き物たちはまったく別の生き物たちである。

現代の多くの天体物理学者は、仏教によるこの宇宙の生成と消滅をめぐる壮大なシナリオに、大筋のところ賛成するであろう。無常はペシミズムなどではなく、一つの科学的な真理なのである。この無常観がレヴィ＝ストロースの構造主義の基礎に据えられている。

レヴィ＝ストロースの構造主義思想を、言語学理論に照らし合わせるだけで事足れりという時代は、すでに過去のものである。構造主義を仏教の光によって新しく照らし出してみるとき、それはふたたび、現代の人類を導く有力な思想として蘇ってくるに違いない。

第二章

リュシアン・セバーク小伝

高等研究院での出会い

レヴィ＝ストロースの神話研究は、一九五一年に本格的に開始されている。『親族の基本構造』が刊行されてから二年後のことである。

戦争の時期を挟んだ長いアメリカ滞在中は、フランス大使館の文化参事官や国連事務局の仕事などを務めていたレヴィ＝ストロースは、大学組織に所属していない期間が長く続いていた。戦後フランスに戻ってからはしばらくトロカデロ宮にあった人類博物館に勤務していたが、その後ようやく大学研究機関の職を得て、高等研究院（オートゼチュード）でセミナー指導を担当するようになった。同じ頃、ウルム街の高等師範学校では親友ジャック・ラカンも、威風堂々の佇まいをもってかの有名なセミナー（セミネール）をはじめていた。フランスの文化が大きな地殻変動を開始する直前の、不気味な静けさをはらんだ時期である。

高等研究院はおもに博士論文を準備中の若い研究者のための教育機関であったので、そこには有望な若者たちがたくさん集まっていた。ここでレヴィ＝ストロースは研究指導員となって宗教研究部門で民族学（人類学）の教育と研究をおこなった。そのセミナーに参加した若者の多くが、「民族学 ethnologie」というまだ若い学問が、未知の豊かな可能性を秘めていることに気づいていた。その頃、西欧世界の文化は大きな曲がり角にさしかかっていたが、その危機的な状況を乗り越えていくための鍵を、この学問が握っていると直感したのである。

それまでフランスの知識人たちに大きな影響を与えてきた、マルクス主義への信頼が失われ始めていた。ロシアから漏れ聞こえてくる全体主義的な管理国家の抑圧的な現状に、多くの知識人は社会主義国家にたいして深い疑いを抱き始めていた。思想的な行き詰まり感が蔓延する中で、若い知識人たちは精神分析学と民族学の中に、行き詰まりを打破する可能性を見ていた。レヴィ゠ストロースが高等研究院で始めたセミナーには、そういう若者たちが多数集まってきた。

その中に、リュシアン・セバーク（一九三三〜一九六五）という若者がいたのである。チュニジアのチュニス出身のこのユダヤ系青年は、人なつっこい人柄の裏にどこか傷つきやすい繊細な精神を宿していた。チュニスの子供時代から大いに神童ぶりを発揮し、高校生になる頃には、今にこの若者はイブン・ハルドゥーンのような大学者になるに違いないなどと噂されもした。要するに、セバーク青年は地元の期待を集める星だったのである。

パリへ出てからはフランス共産党の学生組織で活動する（一九五三〜一九五五）も、政治路線の対立から除名にいたる。その後はより先鋭なマルクス主義組織「社会主義か野蛮か」に近いグループで政治活動をおこなう。奇しくもその仲間には、のちに民族学における盟友となるピエール・クラストル（一九三四〜一九七七）がいて、二人は親しい付き合いを始めた。この頃のセバークはまだ民族学に関しては初心者で、クラストルのほうがいわば先輩格であった。二人はともに組織の場当たり的な闘争方針へ批判を抱いて、しだいにそこと距離をとるようになっていた。

もともとの鬱病気質もあって、その頃深い精神的危機の中で苦しんでいた彼は、ジャック・ラカンの精神分析学に接近するようになる。ラカンのセミナーに参加し、自らも精神分析を受けた。その過程で、レヴィ＝ストロースが高等研究院で始めていた民族学のセミナーの存在を知った。チュニジア生まれでもともと民族文化に関心のあった彼は、そのセミナーで神話に関する新しい理論の実験がおこなわれていることを知って、大いに心を動かされるようになった(1)。

リュシアン・セバークがこのセミナーに参加した一九六〇年頃、そこではすでに数年かけて「神話の構造分析」をテーマとする講義とセミナーが続けられていた。レヴィ＝ストロースはその中で、北米先住民のプエブロ諸族——ホピ族、東プエブロ族、ズニ族——に関するアメリカの人類学者たちの収集した膨大な神話資料を取り上げて、そこに彼が実験的に練り上げようとしていた新しい神話理論を適用する試みをおこなっていた。

レヴィ＝ストロースは手探りで、神話の構造分析の試行を繰り返していた。セミナーの参加者たちも、新理論の創造の過程に積極的に参加した。教授と学生との間には活発な議論が繰り広げられ、その過程をとおして、レヴィ＝ストロースのアイデアはしだいに明確な形を取っていった。そこに、リュシアン・セバークの輝かしい知性が投入されたのだ。

セバークの鋭敏な知性は、たちまち研究室の仲間たちの間で頭角をあらわすようになった。彼はレヴィ＝ストロースが無から取り出そうと黒板の前で格闘している様子を見て、ひどく感動した。たちまち彼は、まだ建設途中であった神話の構造分析の方法の精髄を会得することができた。彼の心から鬱は去り、活気に満ちて自分の前に開かれ始めた新しい思想の世界に没頭していた。

恋人もできた。ジャック・ラカンの娘であるジュディス・ラカンである。ジュディスはきわめて知性の高い女性で、その頃はマオイスト（毛沢東主義派）の政治グループで活動もしていた。彼女はセバークの影響もあってしだいに民族学に関心を持ち始め、神話学セミナーの仲間として、いっしょに神話分析のレッスンに打ち込み始めた。セバークを迎え入れた神話学セミナーは、レヴィ＝ストロー

レヴィ＝ストロースのセミナーで発表するリュシアン・セバーク（GRADHIVA revue d’anthropologie et de muséologie 2005）

スにそれまで体験したことのないような高揚感をもたらした。彼はセミナーに熱心に参加する学生たちに、深い信頼感を抱くようになっていた。

新しい神話研究

レヴィ＝ストロースの神話理論の基礎は、高等研究院でおこなわれたプエブロ族の神話世界を扱うセミナーをとおして打ち固められたものである。その中で彼は、神話の構造分析が従うべきいくつもの重要な視点を確立した。その作業は高等研究院でのセミナーの中で、学生たちとの共同討議をまじえながら、精力的かつ多面的に推し進められた。

その様子は高等研究院の紀要などに簡略に報告されてはいるものの、その内容の豊富さに比して後世に伝えられているところはきわめてとぼしい。そこで私はここで、そのセミナーでのレヴィ＝ストロースの講義の内容を、彼の書いた関係論文やのちにディディエ・エリボンとおこなった対談などに残された資料をもとに、少しばかり私の想像をまじえながら再現してみようと思う(2)。

手始めの素材に選ばれたのは、北米大陸南西部のプエブロ・インディアンのもとで採集されたトリックスター神話群である。コヨーテやワタリガラスのようなトリックスター動物たちが登場して、へまな失敗を繰り返しながらも、世界を創造していく様子を描いた神話群である。最初の印象では、プエブロ族の神話は比較的まとまりがよく、そこにまだ「建築中」の張り紙でも貼ってありそうな構造分析の方法を実験的に適用してみるのには、最適の対象であるように思われた。

まずレヴィ＝ストロース自身が、自分が発見したばかりの「神話の構造分析」の骨格を学生たちに説明してみせた。構造分析は対象の中に「不変項」を探すことからはじめられる。たとえば……これは私（レヴィ＝ストロース）がまだ小さくて自分で歩くこともできず、字を読むこともまるで知らない頃のことだったが、ある日、乳母車に乗せられている私がこう叫んだ、と母がのちになって話してくれたことがある。肉屋 boucher とパン屋 boulanger の看板の最初の三文字は「ブー bou」という音をあらわしているに違いない。だって両方とも同じようなかたちをしてるじゃないか、ってね。

幼い子供はこんなふうにして、身のまわりにある混沌としたかたちや色や音の洪水の中から、「不変項」を探し出し、かたちと音の間に存在しているに違いない、一定の関係性を探し出そうとする。数学者はそれを、自分が対象としている世界の中に「対称性」を発見することだと語っている。言語の構造の音韻のレベルから意味のレベルにいたるまで規定しているのも、この「不変項」の存在であることを、言語学はすでに厳密にあきらかにしてきた。ところが神話学はいまだに不可知の雲の中に休らっている、というのが現状である。この混沌とした神話の中にも、言語学が発見してきたものと同じような「不変項」ないしは「対称性」を見出すことができるはずであり、それが神話の構造分析の基本となる思想である、と言ってもいいだろう。

レヴィ＝ストロースが神話の構造分析のお手本として、学生たちの前に最初に披露してみせたのは、学生たちもよく知っている古代ギリシャの「オイディプス王」の神話の構造分析だった。オイディプス神話にはいくつもの異文がある。それらを集めて、物語の表面にはあらわれてこない「不変項」を見出すには、どうしたらよいか。それを実行するために彼は、神話をいくつかの要素（神話素）に分解して、同じ機能をもつと思われる神話素を、同じコラムの中にひとまとめにすることからはじめた。

古代のギリシャ人は、人間は植物のように大地の底から生まれ出た、と考えていた。大地から生まれて二本足で立ち上がり、ふたたび大地に引きずり込もうとしている死の力と闘いながら、生の時間を獲得しているのが人間なのである。そのために、人間はいつも足を引きずるようにして歩かなければならない。バレリーナのように、軽やかに地上を離れて飛翔することなどは、私たちの実存の条件が許さないのである。人間は大地の力と闘って、始終足を引きずりながら生きている。

死の領域である大地に、人間をふたたび引きずり込もうとしている力は多様である。大地にひそむ怪物たちとして、それはあらわされることもあれば、母親との近親相姦として恐ろしい表現をあたえられることもある。母親との近親相姦、父親の殺害、大地の怪物との戦い、などが神話の中では繰り返しかたちを変えて語られている。そのそれぞれが「不変項」を構成し、ほかの「不変項」とたがいに対立し合っている。こういう認識を背景にして、神話のさまざまに異なる表現の奥に、共通の「不変項」の存在をかぎ当てていくのである。

それはじつに目を見張るような分析だった。高等研究院のセミナーに集まった学生たちの飲み込みは早く、彼らはすぐに分析の「こつ」をつかんだようだった。そこでレヴィ＝ストロースは、神話の構造分析の小手調べをおこなうのに最適な対象として、アメリカ先住民プエブロ族の創世神話を取り上げて、共同研究を開始することにした。古代ギリシャの神話とプエブロ神話には、大きな共通性があった。それはどちらもが、植物の比喩で世界創造を考えようとしていたからである。

プエブロ族の神話群は、人類学者のカッシングやスターリングやパーソンズらによって、十九世紀末から二十世紀初頭にかけて慎重に採集された、ほぼ完璧な神話群からなり、さらに構造分析の主張を試すのに好都合なことには、そこでは同じ主題を扱ったいくつもの異文（ヴァージョン）が語られていた。神話には正本というものはなく、数多くの異文の連なりをとおして、神話はなにごとかを語り出そうとする、というのがレヴィ＝ストロースの考えだった。その意味でも、プエブロ族の伝承する豊富な創世神話群は、まさにうってつけの対象だったわけである。

プエブロ族は平原部インディアンなどとは対照的に、トウモロコシなどを栽培する農業に高い価値づけをあたえていた。バイソンなどを狩る狩猟よりも、農業のほうが価値が高いと見なしていた彼らは、農業と狩猟を対立させながら、オイディプス神話と同じように、「生」と「死」のはらむ論理的矛盾を解決すべく、神話的思考を駆使したのである。

農業の場合には、春に植えつけられた種や苗から生長した植物は、秋になってみずからの死とひきかえに、たわわな実を稔らせる。そしてその植物の実が、人間の生を養う。つまり農業では、生と死の関係が植物の生長のサイクルにあわせて、矛盾的関係の内部の論理構造を変化させていく。

ところが狩猟の場合は、生と死の出会いはもっと激烈である。動物の死が人間にとっては生の糧を得ることになり、またそれは一面動物との「戦争」をも意味したから、人間の狩人はこの「戦争」で死ぬこともある。ここでも、生と死の論理関係は、複雑に入り組んでいる。プエブロ族の創世神話は、無垢の自然状態→採集経済→農業→狩猟→戦争と、しだいに生と死の関係が激しさを増してくるように配置された「論理項」を、上手に組み合わせながら生と死の矛盾を解決しようとしたのだと、レヴィ＝ストロースは考えた。

分析の基本的なラインが定まると、レヴィ＝ストロースは学生といっしょになって、膨大な神話資料の探索を開始した。プエブロ系ズニ族の神話を中心に、その周辺のアコマ族やホピ族などのプエブロ諸族や平原部インディアンの神話をしらみつぶしに調べた。集められてきた神話は、つぎからつぎへと片っ端から分析されていった。そのうちに、こうして分析された神話のすべての間に、「変換transformation」の関係を見出せることがあきらかになってきた。このことをレヴィ＝ストロースはこの作業に入る前から、すでに「演繹的に」見通していたが、それがいまや実験的事実となって、神話セミナー参加者たちの前にまざまざと立ち上がってきたのである。

変換の論理

しかも、神話はつぎつぎと変換を受けながらも（その変換をおこなう主体は「無意識の思考」である）、神話としての同一性を保ち続けている。同じ「神話圏 Myth-category」の内部で、神話はつぎつぎと自己変換・変形をおこなっているのだ。そこでレヴィ＝ストロースは神話圏には、数学で言うところの「群 group」の考えを、数学的な厳密さを多少犠牲にしさえすれば、有効に適用することができるのではないかと思いついた。

この発想は『親族の基本構造』を仕上げていた頃、友人の数学者アンドレ・ヴェイユに頼んで、先住民の実践する婚姻慣習の内部に潜んでいる構造を、数学的に表現してもらったときに、浮かび上がってきたアイデアである。ヴェイユはそれを群論によって表現してみせた。そのアイデアを今度は神話研究に活かすことができる、と彼は考えた。

群の考えは、人間の思考が対象としているものの中に、隠れた対称性を見出そうとするものである。図形の対称性（たとえば正三角形を中心のまわりに一二〇度回転しても、もとの正三角形のままである）などは、目で見て直観的に理解することも容易である。結晶体の対称性などは複雑だけれども、直観でも理解ができる。ところが、群論の威力は、目で見えたり、直観的にとらえたりするのが難しい対象の奥にも、隠れた対称性を発見することができるのである（たとえば、ガロアが方程式の奥に発見したガロア群など）。

この群論の威力を、レヴィ＝ストロースは親族研究の中でぞんぶんに味わっていた。群論は研究しようとしている対象の内部に、不変性＝対称性を発見するための数学的技法である。レヴィ＝ストロースの直観は、いわゆる未開社会の人々が、自分たちの社会を構成するために、この群論の考え方を知らず知らずのうちに利用してきたことを、はっきりと捉えていた。そこで見出される親族の仕組みや身体装飾などのもつ美しさは、その内部で働いている対称性からもたらされているもので、その美しさは植物の示す形態美などと基本的には同じ原理に基づいている。

神話の場合、違う神話の間に、隠れた対称性を見出すためには、少しばかり知的な修練を必要とする。たとえばオイディプス神話には、大地の怪物スフィンクスのかけた謎々を解いたオイディプスが、母親と近親相姦的に結ばれるストーリーが語られている。それはなぜか、と考えるのである。謎々と近親相姦の間にひそんでいる対称性を見出すことは、誰にでもすぐできるというわけではない。謎々が意味論の領域で実現しようとしている「項と項との異常接近」という知的な作業が、母と息子の間に起こる「関係性の異常接近」という強い情動をかきたてる出来事と、「関係性としては」同じ型に属するものであり、象徴的な思考はこの二つの間に、強い類似性を見出す。

謎々と近親相姦を入れ替えても、自分の構造は変わらないだろうと、神話自身が思考したとも言える。そこで神話は、スフィンクスの謎を解いてしまったオイディプスは、続いて母親との近親相姦をおこなうであろう、と思考するのである。象徴的思考が得意とする、こういうタイプの思考法についての知識をもっていれば、神話の内部に隠れた対称性を見出すのも、それほど難しいことではなくなる。

謎々（言語論の軸）に変換がほどこされると近親相姦（社会学の軸）があらわれるが、この変換によっても、神話は引き続き、生と死の論理的矛盾を解決するための努力という、同じ主題の追求を続ける。つまり、内部で変換がおこなわれても、神話は神話圏を逸脱することがなく、また変換の結果、別の神話がつくられることになったとしても、その神話もやはり神話圏にとどまる。

したがって、数学的な厳密さを多少犠牲にしさえすれば（繰り返しになるけれども、このことは強調しておかなければならない。無意識の思考の表現である神話に数学的思考を適用していく場合、数学に求められるような厳密さを期待することはできないのである）、無数の神話がかたちづくる神話圏には隠れた対称性がひそんでいて、その対称性の原理に突き動かされるようにして、神話はつぎつぎと変形をおこしていく。そして全体としての神話の宇宙は、巨大なひとつの群をなしているに違いない。

いくつもの異文として採集されたプエブロ族の創世神話を分析しながら、レヴィ＝ストロースと高等研究院における彼の神話学セミナーに出席していた学生たちには、つぎのような認識（それを私流の表現に言い換えてみた）が共有されるようになった。

（1）神話の宇宙は閉じている。つまり変形を受けて生まれたどんな神話も、また同じ神話圏にとどまる。はっきりとした定義があるわけではないのに、人々はごく自然に神話圏に属する言説を、ふつうの言語活動とは異なる「神話」というカテゴリー（圏）として識別できるのである。

（2）しかしその閉じられた宇宙の内部には、有限な変換の手続きによって、無数の神話が産出される可能性が潜在している。

（3）神話の宇宙には隠れた対称性がひそんでいる。つまり、個々の神話を生み出している変換は群をなしている。したがって神話は、『親族の基本構造』で研究された親族関係と同じように、擬＝数学的な性質をもつ群論と変換群の概念を利用して、分析することが可能であり、それをとおしてはじめて神話の本質をあきらかにすることができるだろう。

神話の公式

神話の宇宙を群論の手続きを利用して、「変換の体系」として分析できる、ということがわかった。それならば、神話の変形を背後でコントロールしている変換群に、何か明確な規則を見出すことはできないだろうか。レヴィ＝ストロースはこのとき、アメリカ民族学が以前から「トリックスター」と呼んで関心をもってきた、興味深い神話の謎の登場人物に目をつけた。

神話的思考は、(生と死のように) 論理的に矛盾しあっている項と項との仲立ちをして、それらを媒介する能力をもった第三の項を登場させようとするところに特徴がある。これは近代的思考がとらないやり方である。近代的思考は生と死を分離して、ふだんは死のことはなるべく考えないようにすることで、実存の矛盾をやり過ごそうとする。その結果、中年を過ぎて癌になったりしてはじめて、自分の死という現実に直面して慌てることになる。

だが神話的思考を生きていた社会の人々にとって、死はむしろなじみ深い相手だった。神話の生きていた社会では、生と死は分離されることがなく、つねに全体的事実として思考されていた。生の現実があるところ死の現実があり、その二つは弁証法的に結びあっている。生と死のしめすその全体性を思考するために、神話は矛盾しあう論理項を仲立ちする「媒介者 mediator」に華々しい活躍の場をあたえてきた。

コヨーテやワタリガラスの姿をしてインディアン神話にしばしば登場してくるこの媒介者は、矛盾する性質をあわせもっていなければ、持ち前の能力を発揮することはできない。そのために裏切りや豹変や嘘つきも平気で、性質が一定しておらず、無節操な変身も得意技なのだった。まじめな白人のピューリタンなどは、はじめこういう神話の登場人物の話を聞かされて、眉をひそめることしばしばだった。そのうち「トリックスター（いたずら者）」という、あまり評判の芳しくない名称があたえられた。

全体性の思考を実現するために、神話的思考が創造した媒介者は、生と死が一体である存在の根源に触れている、とても偉大な存在である。ところが世界の真実に直面することを恐れた人たちは、この偉大なる神的な媒介者たちを、トリックスターなどと卑しめることで、自分たちの安住する知的な安全圏を確保しようとしたのだとも言える。

神話のトリックスターは自分の性質を一定させないので、ひとつの神話が別の神話に変換されるたびに、少しずつ性質を変えていく。はじめの神話では人類に文化的製品をもたらしてくれた「よい英雄」として描かれていたトリックスターが、別の神話になるとずる賢い性質を表に出しはじめて、なかなか「微妙な英雄」に変化し、最後にはとうとうありとあらゆるろくでもないことをこの世界にまきちらしていく「悪い英雄」として描かれるようになる。同じ名前をもったトリックスターが、ひとつの社会の中でさえ、まったく矛盾した、ときには正反対の性質をしめしているのに、そういう神話を語っている人々は、一見するとでたらめなこの事実を、それでも平然として受け入れているように見えるのだ。

そこで神話の構造分析セミナーは、人類学者カッシングの採集したプエブロ族の創世神話に注目した。(3) そこに登場する文化英雄 Masauwu は、神話の中での自分の位置をつぎのように変換していくのである。

(Masauwu: x) ≈ (Muyingwu: Masauwu) ≈ (Shalako: Muyingwu) ≈ (y: Masauwu)

この式はこういうことを言おうとしている。Masauwu のことを文句なしに「よい文化英雄」として描いている第一の神話には、その対立項となる人物は登場してこない。しかし二番目の神話になるとMasauwu はちょっと微妙な存在になり、むしろ彼に対立する別の神 Muyingwu のほうが「よい文化英雄」としての性質をしめしてみせるのだが、三番目の神話ではその神もまた Shalako 神にたいしては微妙な悪の性質をみせるように変換されていく。そして最後の異文になると、Masauwu は破壊的な側面を露骨に出して、文句なしに「悪い英雄」の位置につくようになる。同じような変換過程は、ほかの人類学者がプエブロ族のほかの村で採集した創世神話群にも、はっきり見出すことができた。神話の思考は、生と死、農業と狩猟、狩猟と戦争などの現実が突きつけてくる矛盾にみちた実存の層を全体性において思考するために、媒介者という存在をつくりだした。矛盾する論理項を仲立ちすることのできる、それ自身矛盾にみちた存在である。トリックスターと呼ばれるこの媒介者は、ちょうどシェークスピアの芝居(『マクベス』)に出てくる魔女のように、「きれいはきたない、きたないはきれい」というパラドックスを駆使して、人間の生と死のリアルなあり方を表現しようとする。レヴィ＝ストロースは、神話は変換の過程をつうじて、このシェークスピア的なパラドックス論理を用いて、世界の全体性を表現しようとしていると見抜いたのである。彼はこう書いている。

この論理的フレーム(媒介者の位置の変換)はとくに興味深い。というのも人類学者たちは神話とは別の二つの場面で、これと同じフレームをすでに見出してきたからである。第一の場面は、ニワトリのおこなう「突きあい序列 pecking order」の問題であり、二番目の場面は私が親族研究の領域で見出した「一般交換 generalized exchange」である。同じものが神話的思考レベルで見出されたことによって、人類学研究におけるこのフレームのはらむ基本的な重要性に照明を当て、それにたいしてより包括的な理論的説明をあたえうる、きわめて有利な場所に自分たちが立っていることを、私たちは確認できる。(4)

レヴィ＝ストロースが語るように、ニワトリのおこなう「突きあい序列」行動においても、婚姻関係に見出される「一般交換」でも、私たちはそこに共通の「きれいはきたない、きたないはきれい」型の論理が働いている場面を見出すのである。基本的な関係はつぎのように表現できる。

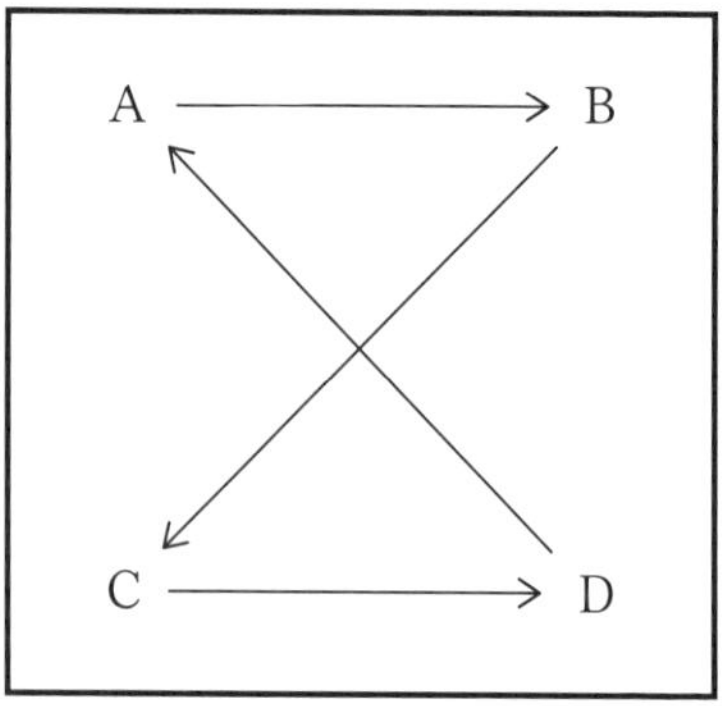

ABCDの突きあい序列

この図をニワトリがおたがいを突きあって序列をきめる行動の場合に適用してみよう。ニワトリAはBを突くことによって、優位を表現する。BはCを突いて優位に立つ。CはDを突いて優位に立つ。そうなるとDは最下位である。ところが順番でDはAを突く。いまやAは最上位でありながら最下位となる。突きあい関係が一回りすると、まるでメビウスの帯の周囲を一周したようにして、「下位」と「上位」がひとつながりになってしまう。そのときのニワトリAの心理はまさしく「きれいはきたない、きたないはきれい」であると言えるが、状況はどのニワトリにとっても同じである。

同じことが「一般交換」の場面でも言える。Aの集団はBの集団に女性を妻としてあたえる（wife-giver の立場に立つ）から、（wife-taker である）B集団にたいして優位に立つ。ところがこの場合も、回り回ってA集団は最下位であるはずのD集団から妻を得て、その下位に立たなければならない。誰かがこのような状況を飛び出していわば「超越者」となってしまうことを認めない「平等社会」では、このようにすべての集団が、潜在的にトリックスター的立場に立つことになる。ここでは、特権的集団というのが発生できない仕組みになっている。

いずれの場合にも、関係性の環のまわりを一回りすると、はじめに自分のもっていた機能価値が反転して、自分自身のところに戻ってくるという状況が生まれている。こういうことは、機能価値を書き込んだ表面が「ひとひねり」されて、メビウスの帯のように端と端がつなぎあわされたときでないと発生しない。メビウスの帯状の変換過程をすべて通過したときには、もっとも強いものがもっとも弱いものであり、きれいはきたなく、きたないものがきれいというパラドックスも、矛盾は矛盾のまま、はっきりと認識できるようになる。これはたしかに神話のおこなう世界認識と、きわめてよく似た構造をしている。

社会的序列の感覚が生まれる状況で働いている、このような矛盾を発生させながらもその矛盾によって全体を調整しているシステムと同じ型の思考が、神話の中ではもっと複雑な意味を発生させる過程として作動しているのである。レヴィ＝ストロースは神話を変換していく群の規則が、まさにここにあると見抜いた。一九五五年にはじめ英語で発表された論文「神話の構造」の中の、まことに謎をはらんだ（と多くの数学者や人類学者に批判された）一節において、彼はつぎのような「神話の標準公式」なるものを提出したのだった。

私たちが神話の異文全体を、ひとつの置換群として組織づけることに成功したあかつきには、その群を動かしている規則を決定することができるだろう。もちろんいまの段階では、その定式の近似的な表現以上のものを手にすることはできないが、将来それに磨きをかけていけば、すべての神話（すべての異文の集合体）の変換が、つぎのようなタイプの定式にしたがっていることを見出すことになるだろう。

$$F_x(a) : F_y(b) \simeq F_x(b) : F_{a^{-1}}(y)$$

この式で、aとbという二つの項は、それぞれxとyという機能をもち、つぎの二つの条件下に、項と関係が反転することによって決定される二つの状況の間には、等価関係がなりたっていることが考えられている。すなわち（1）ひとつの項が反対の項に置き換えられる（この式で言うと、aとa^{-1}のことをさしている）。（2）二つの要素（この例で言うと、yとaのこと）に機能価値と項価値の反転がおこる。[5]

この標準公式は、具体的にはつぎのような手続きで変換をおこなう神話の思考法の特徴を、とらえたものである。この定式のための標本のような性格をもつ、南アメリカのヒバロ族の神話を例にとって、もうすこしくわしく説明してみよう（これはずっとのちになってレヴィ＝ストロース自身が、定式の有効性を明示するために、『やきもち焼きの土器つくり』で取り上げている例である）。

ヒバロ族は、土器をつくるのに用いる粘土の起源を、つぎのような神話によって説明している。かつて太陽も月も人間の姿をして、地上に暮らしていた。太陽と月は同じ女を妻として共有していた。妻の名前はアオホと言った。ヨタカ鳥という意味である。アオホは暖かいからだをした太陽に抱かれると悦びを感じたが、からだの冷えた月に触れられるのを嫌った。太陽はこのことを話題にして、月を皮肉った。月は怒って、つる植物をつたって天に昇ってしまった。またそのついでに月は太陽に冷たい息を吹きかけ、太陽の姿を隠してしまった。夫が二人とも姿を消してしまって、自分が棄てられたと思いこんだアオホは、女たちが土器をつくるのに用いる粘土をいっぱい入れた籠を携えて、月を追って天まで行こうとした。追ってくるアオホに気づいた月は、いっさい彼女には関わるまいとして、天界と地上をつないでいたつる植物を切ってしまった。アオホは籠ごと墜落し、粘土は地上にぶちまかれた。こうして地上では粘土を採ることができ、土器をつくることができるようになった。アオホは、アオホと呼ばれる鳥に変わった。(6)

この神話では、「嫉妬」の感情が大きなテーマになっている。太陽と月が一人の女を独り占めしようとせずに、うまくやっていければよかったのに、嫉妬がすべてをだいなしにしてしまったのである。嫉妬の感情のために、天界と地上をつないでいた媒介が断たれ、そのはずみで粘土が地上にばらまかれることになった。粘土はアオホの魂から生じたもので、女たちはヨタカに変身しようとしていたアオホが、地上に落下しながらあちこちにまき散らした粘土を採取して、土器をつくるのである。そのためである。土器つくりの作業と嫉妬の感情は、深いつながりをもつようになった。

ヨタカは嫉妬深い鳥であり、この嫉妬深さを介して、土器をつくる女と関係を取り結んでいるからである。女はもともと粘土をもっていた。ところが天界と地上の媒介が断たれることによって、人間としての女は死んで、ヨタカという名前をもつ鳥に変身した。そのときはじめて粘土は人間のものとなる。だから、粘土を材料とする土器つくりに嫉妬の主題は深いつながりをもつのである。

この神話では、嫉妬、土器つくり、ヨタカ、女という項と機能が、たがいに関係し合っている。原初のとき、天界と地上の間をまだつる植物がつないでいたとき、すべての状況は対称性を保っていた。そこでは人間と動物の区別はなく、太陽や月のような「星」でさえ、地上にあって人間といっしょに暮らしていたのである。嫉妬の感情が発生したことによって、原初の対称性は破られる。それ以来、土器つくりの材料である粘土は人間の女のものとなり、粘土と夫を失ったヨタカ鳥は悲しげな鳴き声を、新月の夜のジャングルに木霊させる。こうして神話は、つぎのような「関数」を使って、原初における対称性と、その対称性が破られて人間がよく知っているこの現実がつくられてくる過程を説明するのである。

$$F_{\text{嫉妬}}(\text{ヨタカ}) : F_{\text{土器つくり}}(\text{女})$$

さて、「神話変換の公式」にしたがえば、「嫉妬と粘土の起源」神話は、さまざまな変換を受けた末に、項と機能とのあらゆる関係を逆転して、つぎのような神話にたどり着くことが予想される。

$$F_{\text{嫉妬}}(\text{ヨタカ}) : F_{\text{土器つくり}}(\text{女}) :: F_{\text{嫉妬}}(\text{女}) : F_{\text{ヨタカ}^{-1}}(\text{土器つくりの女})$$

そして、そのような神話は予想通り実際に存在するのである。そういう神話が可能であるためには、ヨタカ鳥を逆転させたなんらかの動物が、現実に存在しているのでなければならない。この地帯に暮らす人々にとって、そのような鳥が実在する。夫婦仲がすこぶる良く（嫉妬しあったりしない）、ヨタカと正反対に（ヨタカは地面にぞんざいな巣をこしらえて、子育てをする）粘土を練り固めて頑丈な巣をつくる鳥、すなわちカマドドリこそ、「ヨタカ$^{-1}$」機能を果たす動物としてまさに最適な神話的存在であり、このカマドドリがすばらしい土器つくりの女性として、賞賛されることになる。変換の過程は、こうして反対極にたどり着いた。

『大山猫の物語』でも、ブリティッシュ・コロンビアの先住民神話を素材に、この問題が再び取り上げられている。[7] 南北アメリカの先住民神話では、肌に受けた傷や皮膚病のような「自然の覆い《カバー》」と、装飾品のような肌に着ける「文化の覆い《カバー》」との間には、対立的つながりがあると考えられている。じっさいこういう考えはヨーロッパの民間でも抱かれているもので、たとえば「ルビー」と言えば民間語彙では「鼻や顔面にできた赤い打撲傷や吹き出物」のことを言うし、「パール」と言えば「角膜の白斑」のことをさす。

つぎの神話は、この皮膚病と装飾品（首飾り）のつながりと対立を主題としたものである。大山猫がひどい皮膚病で苦しんでいた。毛が抜けて皮膚にはいたるところ瘡蓋《かさぶた》ができていた。村に一人のとても警戒心の強い若い娘がいた。彼女は誰とも結婚したくなくて、親に逆らっていた。この娘が語り

ヨタカ〔上〕
(John James Audubon〔1785-1851〕 *Birds of America*)
カマドドリ〔下〕
(S. G. Goodrich〔1793-1860〕*Animal Kingdom Illustrated Vol 2*)

の後半で、近親相姦を犯しそうになるほどの、破廉恥な子に変貌するのである。そしてこの一人の女主人公の示す二面性が、皮膚病と装飾品をつなぐことになる。

彼女は心ならずも、傷から皮膚病になった大山猫と結婚する。警戒心の強かった娘が大山猫を看病して、受けた傷を治してやるのである。彼女の破廉恥な分身のほうは、大山猫のつくったすばらしい首飾りの数々を強奪してしまう。

はじめ結婚を拒否して求婚者たちを拒絶していた娘は、自分の分身である破廉恥で無分別な姉妹に変貌すると、最低最悪の相手と結婚する。そうして瘡蓋のかわりに特上の装飾品を手に入れる。このとき装飾品の機能も変化する。首飾りを我欲で独り占めするのではなく、あれほど反抗していた両親の利益のために、気づかれないようにそっと渡される。そして姉妹は奔放な動作で大山猫を人間に戻してやる。この変換過程を、レヴィ＝ストロースは例の公式を用いて、つぎのように表現する。

$$F_{\text{皮膚病}}(\text{警戒心の強い娘}) : F_{\text{装飾品}}(\text{無分別な姉妹}) :: F_{\text{皮膚病}}(\text{無分別な姉妹}) : F_{\text{警戒心の強い娘}^{-1}}(\text{装飾品})$$

こういう実例をあげていくことによって、レヴィ＝ストロースは、神話の内部で作動する論理を、代数的なアルゴリズムとして表現してみせた。はじめこの公式は冷淡な扱いを受けることが多かった。「神話の標準公式」に多くの曖昧さも含まれているためである。しかし後になると、この公式に真正面から挑戦して、曖昧さの除去に挑んでそれに科学的整合性を与えようとした何人もの研究者があらわれることになった。ある研究者は、この公式はカタストロフィの理論で説明できると考えて、長い論文を書いたが、多くの人類学者の理解を得ることはできなかった。トポロジーの変換として説明できると考えた人たちもいたが、それは代数学を幾何学で言い換えただけの結果に終わってしまった。それにこの公式がどんな神話にも適用できるとは限らないのである。

そのため今日にいたるまで完全な解明にはいたっておらず、「神話の標準公式」自体が一つの「神話」として、さまざまな論文の中に出没を繰り返すことになり、口の悪い評者などは、このわけのわからない公式のためにあたら多くの才能が無駄に費やされてしまった、と皮肉を書くことになる。

しかし後になってレヴィ＝ストロースは、自分のおこなってきたすべての神話分析の背後でこの公式が活動していた、と語ることになる。この公式は彼の思考を深層で動かしている直観的モジュールなのである。彼自身が語っているように、それは思考の「絵」として考えるのが、いちばんいいと思う。それはエッシャーの絵画と同じタイプの、不可解ではあるがきわめて理性的な絵なのである。いずれにせよこの絵＝公式によって、神話の研究が大いに進んだのは確かである。

『神話論理』の朝

こうしてプエブロ神話学の研究をとおして、新しい神話学の探究へ出発するための、方法論と分析道具の一式が整えられていった。しかし、一九五五年に神話分析の方法論を模索する一連の作業の成果をまとめた論文「神話の構造」を発表したあと、レヴィ＝ストロースはしばらくの間、沈黙の状態に入った。

彼にははじめからその予感はあったのだけれど、プエブロ諸族の創世神話群はその内部にアメリカ大陸最古の文明にもつながる複雑な歴史性に由来する、たくさんの襞や層の重なりを含んでおり、そのため内向的な性質が強く、ほかの地域の神話世界に向かって自分を押し開いていくような性質を持っていないように感じられたのである。彼の神話研究はその当初から、南北両アメリカ大陸の巨大な神話宇宙を横断するといった「ドン・キホーテ的企て」として構想されていた。その企てをプエブロ神話から出発させるのは困難だと彼は考えるようになった。

南北アメリカで採集された膨大な神話群にもう一度当たり直す、という気の遠くなるような作業が始められた。それと並行して、エール大学から取り寄せたマンモスのような「民族資料カタログ」などを利用して数年前から進められていた、オーストラリア・アボリジニーの世界を中心とする神話・儀礼・民族分類法・社会習俗などにたいして、構造分析の方法を大規模に展開していくという野心的な企ても、同時進行させていった。そして、あの奇跡的な一九六二年を迎えたのである。

この年、まず序説とも言うべき『今日のトーテミスム』が出版され、そこからさらに畳みかけるように『野生の思考』が矢継ぎ早に出版された。[8] この二著の発揮した衝撃力はすさまじいものがあった。カルチェラタンには「構造主義の嵐」が吹きまくった。しかし当然レヴィ＝ストロースはそんなことにはまったく無関心だった。そんなことよりも、彼には構想のまとまりつつある『神話論理』の仕事のほうが、重要だったからだ。舞台を南北アメリカ大陸の先住民文化の世界に設定しようという計画だけは、早くから決まっていたが、出発点となる神話をどこに据えるかが問題だった。

神話の宇宙は対称性によって動いていく巨大な変換群である。そのために、どの神話もほかの神話と変換関係で結ばれている。変換のおこなわれる軸は、料理と食卓作法の体系からはじまって、婚姻の体系や動植物の世界の分類法や五感のとらえる感覚にまで及んでいくような、じつに広大な多様性をもっている。しかも一口で五感といっても、そこには匂いや味覚や触感の領域などの感覚軸が含まれる。そうした軸のどれもが、変換をつうじてほかの領域やレベルの軸に、結びついている。そして神話は、それらの軸を複雑に組み合わせながら、自分の内部でも変換をおこなっている。

だから原則的なことを言えば、どの神話を出発点に選んでも、ついには神話の宇宙の全体を動かしている「無意識の思考」の本体に合流していくことは可能なはずなのだ。レヴィ＝ストロースには「賽子一擲」の自由があたえられていた。そこで彼は、自分の民族学者としての体験の出発点をなした、アマゾン流域の先住民ボロロ族とその周辺諸部族に伝えられた「鳥の巣あさり神話」を、いまだ全貌をあらわさぬ巨大な神話宇宙への、参入の入り口に選ぶことに決めたのだった。

そして一九六二年六月のある早朝、小鳥たちのさえずりに包まれながら新しいノートを開いたレヴィ＝ストロースは、そこに『神話論理』の第一巻をなす『生のものと火を通したもの』の最初の文章を書きつけたのである。「この本の目的は、生のものと火にかけたもの、新鮮なものと腐ったもの、湿ったものと焼いたものなどのような感覚的カテゴリーが、概念的思考の道具として利用されている様子をあきらかにすることにある……」。ドン・キホーテのように偉大な、おそらくは二十世紀の西欧においてなされたもっとも偉大な知的企てのひとつが、ここに開始されたのだった。

プエブロ神話学へ

一九六〇年になって初めて高等研究院のセミナーに参加するようになったリュシアン・セバークは、一九五二年からそこで始められていたレヴィ＝ストロースのセミナーにおける、プエブロ神話学の探究の内容をよく知っていた。その探究をつうじてレヴィ＝ストロースは神話が一連の論理媒介項を駆使しておこなわれる、厳密な思考にもとづいていることをあきらかにした。この思考は一種の「弁証法的」な性質を備えており、変換のプロセスをとおして、らせん状に、連続的に、展開されていくのである。

この方法を駆使して、レヴィ＝ストロースは神話研究を巨大なプロジェクトに発展させようとした。舞台を南北アメリカ大陸の神話世界の全域に拡大させ、そこに生きてきたアメリカ先住民たちがもっとも重大と考えて、さまざまに深め展開してきた「一つの神話」ないし「一つの思想」を、複雑で巨大ならせん状の生きた構造体として描き出して見ることを、彼は目指し始めたのだ。「鳥の巣あさり神話」から出発して、ゆうに一〇〇〇個を超える神話すべてを「一つの神話」の変形過程とみなして、巨大ならせん状の構造体を描き出すという、気の遠くなるような企てである。

こうしたなかで、レヴィ＝ストロースが神話研究の最初の基礎を固めるのに用いたプエブロ族の神話世界は、「一つの神話」のつくりなすらせん状の巨大構造体の外にはみでてしまうことになった。レヴィ＝ストロースが始めようとしていた新しい神話研究では、媒介論理の仕組みよりも変換関係のほうが重要なテーマとなっており、例の「神話公式」もそこではあまり表立った活躍はしなくなる。プエブロ族の神話世界は内容豊かではあっても、その内容には歴史性に由来する特殊な性格が詰め込まれすぎていた。そこで新しい企ての中で、プエブロ神話群を基準点ないし出発点とすることはできなかった。

しかし、アメリカ大陸の先住民神話の世界は、「一つの神話」のヴァリアントをいくつ集めたからといってそれで尽くされるものではなく、『神話論理』の主題をもってしてはとてもその全域がカバーされ尽くされるものでもない。このことをよく知っていたレヴィ＝ストロースは、『神話論理』の外に置かれることになったプエブロ神話学の探究を、自身のもっとも優れた弟子と見ていたリュシアン・セバークに託そうと考えた(9)。

セバークが研究室に出入りするようになった頃、研究室にはいったん集められたプエブロ族関係の膨大な神話資料が山積みされたまま、放置された状態になっていた。そこでかねてからセバークの並外れた知性に注目していたレヴィ＝ストロースは、その研究材料の山をそっくりセバークに渡して、その構造分析を彼の手に委ねたのである。

リュシアン・セバークはこの思ってもみなかった提案に、はじめはびっくりしただろうが、すぐに師の申し出を喜んで受け入れて作業に入った。つぎの日から膨大な神話資料群との格闘が始まった。ジュディスを始め仲間たちも協力を惜しまなかった。こうしてきわめて短期間に、セバークの前にプエブロ神話世界の姿が立ち上がってきた。レヴィ＝ストロースの講義と討議をつうじてすでに馴染みのあった世界とはいえ、こうしてじっさいに具体的な資料群を相手にするのとでは大きな違いがあった。

準備と思索を重ねた末、セバークが『プエブロ・インディアンの創世神話』を書き始めるのは（彼はまだ三〇歳にもなっていなかった）、レヴィ＝ストロースが『神話論理』第一巻に着手するのと（彼は六〇歳に近かった）、期せずしてほぼ同時期であった。[10] いっぽうは料理の火をめぐる神話から、もういっぽうは植物との類比で描かれた人類の出現と農業の始まりをめぐる神話から出発して、人間性の本質に迫ろうとしていた。二人の神話研究は、その意味でも対をなすものだった。

＊　＊

プエブロ族の神話は、スターリング、ホワイト、フォードなどのアメリカの人類学者によっててていねいに採集されている。とくにその創世神話に関しては、ほぼ完全な形でいくつもの異文（ヴァージョン）が発表されている。レヴィ＝ストロースが分析結果の概要しか示さなかったそのすべてについて、セバークは細部にわたるまでの詳細な分析をほどこしたのである。

セバークが出発点に選んだプエブロ・アコマ族の創世神話は、概略つぎのような内容である。

はじめに人間の女が二人、地下の世界に生まれた。地下界には光がないので、成長はきわめてゆっくりだった。二人が大人になると精霊のツィトクツィナコがあらわれて、二人に教育をほどこすようになった。姉妹の父親（天上界の至上神である）からだといって、二人に籠を渡した。中には四種類の植物の種子と動物の小さな像が入っていた。

ツィトクツィナコは姉妹に植物の種子を埋めて育てさせた。種子が発芽して伸びていくと、壁に穴が開いて、光は少し漏れてきた。動物の像に現れよというと、穴熊と蟬になった。穴熊は穴を大きく開けてくれた。蟬には穴の周りに漆喰を塗って出やすくしてほしいと頼んだ。蟬は外の光へ出てはいけないと注意していたのに、禁止を破って外に出てしまった。そのせいで、蟬は地上では短い命しか持つことができなくなってしまった。

上に上がる時が来た、とツィトクツィナコが言った。地上に出たら玉蜀黍《とうもろこし》の花粉と粉を太陽にお供えして、祈りを捧げなさいと言った。姉妹は穴熊と蟬をお供にして地上に出た。祈りを捧げているときに、右側に座った少女にはイアティク（命を与えるという意味）という名前が与えられ、左側の少女にはナオツィティ（籠の中身がぎっしりという意味）という名前が与えられた。ツィトクツィナコは二人に、あなた方の父は世界をつくった方であること、自分は女性で人間ではないことなどを教えた。

太陽が出て来た。暖かさを感じて喜んだ二人は、ナオツィティが太陽族に、イアティクが赤玉蜀黍族になって、一族をなすことにした。東西南北の方位も二人にはわかった。ツィトクツィナコは姉妹に玉蜀黍を植えさせた。毎日眺めているうちに、玉蜀黍は大きくなって実をつけた。しかし二人はまだ調理を知らなかった。夜になって赤い光が空から落ちて来て、火となった。二人は平たい石の上に松の枝を置いて火をつけ、はじめて調理をおこなった。いままではお父さんから栄養をもらってきたけれど、これからは自分で食べなければならない、と精霊に教えられた。

籠に入っていた動物の像を取り出して、歌をうたうと、二十日鼠や熊鼠、土竜《もぐら》、プレイリードッグなどがつぎつぎにあらわれた。草の種子をまいてそれら動物のためものをつくり、食料にした。山をつくり、そこに生える木を植えた。命を与える動物たちも大きくなり、兎、アンテロープ、鹿、バッファローなどが平原に出ていって、繁殖するようになった。姉妹の食べるものがこうして増えていった。

しだいにナオツィティとイアティクは反目しあうようになった。ナオツィティはイアティクを出し抜いてやることを考え、子供を産んでやろうと思った。通りかかった蛇から、虹のところに行けば、子供の産み方を教えてもらえるぞ、と教えられたナオツィティは雨上がりに虹の近くに出かけて、雨を浴びていると妊娠した。彼女は男の子を二人出産した。勝手なことをしたといってツィトクツィナコはひどく怒り、二人のもとを去った。

あいかわらず二人の仲は悪かった。ナオツィティが男の子の一人のほうを嫌ったので、イアティクが育てることになった。二人は離れ離れになることにした。男の子はティモニと名付けられ、イアティクの夫となった。二人には子供がたくさん生まれて、大家族となった。イアティクは四季の変化をつくった。

イアティクは籠から泥を出して、仮面の神ツィツェヌツをつくった。東に暮らすほかのプエブロ部族が「カチナ」と呼び、ニューメキシコでは「トラロク」と呼ばれる雨の神に相当する神である。ツィツェヌツは神々のリーダーに選ばれ、雨の神となった。イアティクが決めた衣装をまとい、人々の前でダンスを踊ることが決められた。こうして世界はすべてあるべき場所に落ち着いた。[11]

以上がプエブロ・アコマ族の長大な創世神話の一部である。この神話にセバークがどんな分析を加えたかを見てみよう。

一目して、セバークの神話分析が、レヴィ゠ストロースのそれと比較すると、ずっと視覚的で直観的であるという印象を受ける。また使われている知的道具についても、イエルムスレウやロラン・バルトの記号学的な言語論に近い用語も用いられている。この違いは二人の神話論が異なった目標を目指したことと関係している。[12]

ホピ族のカチナ人形（どちらも19世紀のものと考えられる。wiki PD）

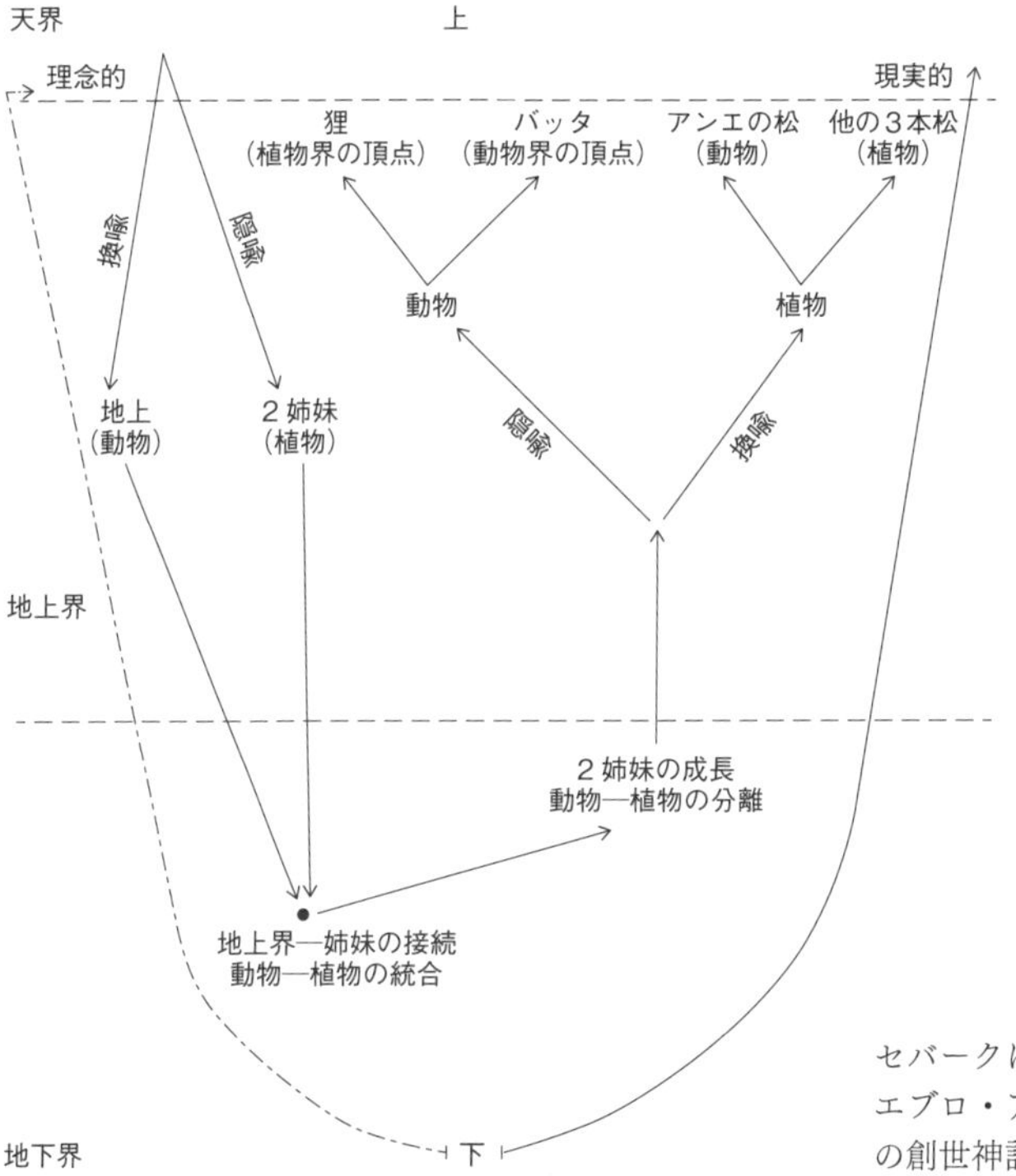

セバークによるプエブロ・アコマ族の創世神話分析

レヴィ＝ストロースの『神話論理』は変換の論理を使って、南北アメリカの広範囲に散らばった神話群を、巨大な一つの意味体系に結びあわせていくことを目指している。これにたいしてセバークの神話論は、一つの神話に畳み込まれている重層的な次元の相関性を探ることが目指されている。現実界（レエル）を土台として、その上に形成される想像界（イマジネール）と象徴界（サンボリック）の相互作用を探究することを、セバークの神話論は目指していた。想像界と象徴界は「イデオロギー」の領域を形成する。マルクス主義者でありラカン派精神分析学者でもあるセバークにとって、神話はイデオロギー研究のための格好の舞台であったのだ。

『神話論理』と『プエブロ・インディアンの創世神話』という二つの本を並べてみると、完成度の違いを別にすれば、構造主義的な神話論の方法は一つではない、という印象を受ける。リュシアン・セバークの選んだ道は、神話研究にはまだ多くの別の可能性が潜在していることを強く感じさせる。

レヴィ＝ストロースの『神話論理』では、相互変換によって結ばれた神話どうしが互いに語り合い、神話思考みずからが思考していくというように、すべてが進行していく。これにたいしてセバークの神話分析では、神話は自分の内部に抱えられた重層的な内部矛盾をはらんだ諸レベル（社会レベル、経済レベル、生態学のレベル、ジェンダーのレベル等）の構造とそれらをつなぐ照応関係の網をとおして、多様なメッセージを伝えるようになる。その照応は神話の外部にも広がっていき、神話の中には現実界が混じり込んでくる。こうしていまだ未完成の状態にありながらも、セバークの神話分析は、『神話論理』のつぎの段階を予感させるものになっている。

アチェ族の夢分析

プエブロ族の神話研究を進めながらも、セバークはまだ本格的な現地調査（フィールドワーク）というものを体験したことがなかった。そこでレヴィ＝ストロースは友人のアルフレッド・メトローを介して、セバークが南米での調査団に参加できるように手配してくれた。

こうして一九六三年の二月から九月まで、ピエール・クラストルとエレナ・クラストル夫妻に同行して、パラグアイの森林地帯に暮らすアチェ（Ache）族のもとでの調査を開始した。このときの体験をきっかけとして、セバークはまもなくして再び南米のチャコに旅立ち、一九六四年二月までパラグアイとボリビアのアヨレオ（Ayoreo）と呼ばれる集団の中で研究をおこなった。[13]

アチェ族は狩猟採集によって生きていた人々である。周辺の先住民社会の中でも、とりわけ古風な生き方を貫いていた。しかしセバークが彼らのもとを訪れた当時、アチェ族を取り囲む状況は悲惨だった。森林の周縁部に暮らしていた彼らは、農地を拡大しようとして森林伐採を進めるパラグアイの農民や大地主たちに圧迫され、しだいに生活の場所を奪われていた。かろうじて森林の縁に移動して暮らしだしていた彼らは、精神的にも追い詰められた状況にあった。自分たちの将来に不安を抱える住民が多く、家族の中でも諍いがよく起こっていた。

土器をこねているバイプランギの姿（GRADHIVA）

こういうときフランス人ならば精神分析家のもとに出かけるだろう。アチェ族にも心の相談役が必要だった。セバークはそういうアチェ族の中で、民族学者であるとともにラカン派の精神分析学者としての活動を始めた。ジャック・ラカンの思想は人類学（民族学）から大きな影響を受けながら形成されてきたが、それまでラカン派の精神分析学者がじっさいに先住民社会に出かけて、そこで治療をおこなうという前例はなかった。その意味で、セバークの試みは画期的なものだった。

セバークとクラストルは「バイプランギ Baipurangi」という名のアチェ族の女性を、重要なインフォーマントとした。バイプランギは活発によくおしゃべりする魅力的な女性だった。アチェの伝統にも詳しい知識を持っていた。セバークは彼女から毎朝、先夜に見た夢を話してもらうことを日課とした。そしてその夢を分析する作業に打ち込んだ。

アメリカの文化人類学者たちも、先住民たちの見る夢に関心を持っていた。しかし彼らの関心は、夢の中に文化パターンの反映を見出したり、社会規範との整合性を回復させるために夢を分析するという方向に向かっていた。しかしラカンは夢分析の意味を、そんな風にはとらえていなかった。だいいち治療の目的そのものが、被験者と社会規範との折り合いをよくすることなどにはなく、被験者の心の真実にたどり着くことにある、と考えていたラカンにとって、夢はテキストのように、外の現実から相対的に独立しているひとつの自律的現象なのであった。

バイプランギは毎朝セバークたちの宿所にやってきて、先夜自分の見た夢を語った。バイプランギは、ときどき暴力をふるうこともある夫のヤクギ Jakugi に大いに不満をもっていた。夫は彼女が男の子を産んでほしいと願っていたが、彼女のほうはそれを拒絶していた。いっしょに寝るのさえ嫌って、彼女は深い愛情を感じている父親の小屋で寝ることを好んだ。そんな夜は、闇の中でヤクギの吹く物悲しい笛の音が、遠く聞こえてくるのだった。

セバークは構造主義的精神分析の思想に忠実に、夢を外の現実に照応させるのではなく、またユング派の精神分析学のように夢の内容を「元型（アーケタイプ）」に還元するやり方も否定して、夢をひとつの自律的な心的構造としてとらえて、その構造を内側から解き明かそうと試みた。また当時哲学者のポール・リクールなどの解釈学派が主張していたように、構造主義の方法は未開社会にしか適用できないという考えも否定して、それが厳密な意味でアチェ族の心にも適用できることを、断固として示そうとしたのであった。

さいわいにしてそのときセバークがおこなった夢分析の記録が残されている。(14) そこにはいくつもの印象的な夢が記述されている。ある夢の中では、バイプランギは地面を掃いてきれいにして、そこで鉈を使って薪を作っていた。周りをたくさんの子供たちが笑いながら取り巻いた。子供たちは彼女の仕事を手伝ってくれた。だんだん仕事が遊びのように変わっていって、彼女も子供たちもとても幸福な気持ちになった。セバークはこの夢に大変感動している。無理強いされる仕事が気晴らしの遊びに変化していく。仕事と遊びが連続しているという状態は、アチェ族の思想であり願いでもあった。しかし彼らを取り巻く環境はそれを不可能にしていた。

夢の中ではよく夫が死ぬところを見た。別の夢ではバイプランギ自身が殺されている。彼女はそうやって現実からの脱出をいつも望んでいた。さらにこういう夢も見た。首長がジャガーに襲われて死んだ。村の人々はその死体を切り刻んで食べた（アチェ族にはカンニバリズム＝食人の風習があった）。バイプランギは死体からペニスを切り取って食べた（現実では彼女は叔父の死にさいして叔父の肉を食べることを拒否している）。男の子を産みたかったからである。夫のために？　そうではないらしい。彼女は自分の父親のもとに帰りたがっていた。真の愛情は父親との間にしかないと、彼女は思っていた。いやそれ以上に、彼女は自分が女性であることで感じている抑圧から逃れたがっていた。彼女は男性なしに男の子を産みたかったのかも知れない。

こうした夢を分析するにさいして、セバークはレヴィ＝ストロースのもとで学んでいた神話の構造分析の方法から、多くの視点を取り入れている。神話を分析するには、神話を取り巻いているコンテキストを熟知していなければならない。神話は多数のレベルからなる層をなしているから、それぞれのレベルに対応するコンテキストの情報が、できるだけたくさん必要である。

神話と同じように、夢も多くの層をなしていて、どれか一つの層だけを特別に見てはいけない。母子関係だけを重視して夢を解釈することもできないし、なにかの元型（アーケタイプ）を想定して、そこにすべてを還元していく分析も許されない。しかしいくつもの層の間には、相互変換の関係があるはずである。この変換関係の総体が夢のメッセージをかたちづくる。

フィールドでアチェ族と肩を組むセバーク（GRADHIVA）

だから表面にあらわれているものだけで、夢を理解することはできないのである。表現されたもの（表現形式）に隠された、潜在下の内容（内容形式）の構造を探らなくてはならない。セバークはチュニジアの高校生であった頃、当時リセの教授をしていたフランソワ・シャトレから現象学を徹底的に学び、イエルムスレウの言理学（グロセマティックス）からも多くの影響を受けていた。そうした体験がレヴィ＝ストロースの構造主義と合体して、セバークの夢分析を豊かなものにしていた(15)。

夢は神話ではない。神話もまた夢ではない。しかし、両者は人間の心の同じ場所で、同じ素材と同じ構造を用いておこなわれている「思考」であることにおいて、たがいに親族の関係にある。リュシアン・セバークは、構造人類学、精神分析学、現象学、言理学をひとまとめにした、未知の人間科学を作り出そうとしていた。パラグアイとボリビアでのフィールドワークをとおして得た体験は、セバークの構造主義思想に新しい展望を開くはずであったのだが。

『マルクス主義と構造主義』

リュシアン・セバークは南米でのフィールドワークに出かける前、レヴィ＝ストロースから託されたプエブロ族の神話学研究を進めるとともに、もう一冊の別の本の執筆を並行して進行させていた。『マルクス主義と構造主義』というタイトルの哲学書である。この本は一九六三年一月に、彼がパラグアイに旅立つ直前に、レヴィ＝ストロースに手書き原稿を手渡していったもので、構造主義とマルクス主義の関係を論じたこの領域でも最初の書物として、一九六四年に出版された[16]。

セバークはその本の冒頭にこう書きつけた。

最初の一歩だけが決定的である。言説か暴力か、感性の混沌か理性か——私はどちらを選ぶべきだろうか。この最初の問題が解決されると——私がこう書いている以上それはもう解決されているのだが——そこから出てくる物事は明確に思考されうることになる。今や私には、理性に合致している場合にかぎり、実存もありうるものとなる。最初の決定が私を完全に規定づける。それは最初の決定にすでに含まれていたことだが、私の人生は一つの規範の体系にしたがうものとなる。この規範は一つの知によって明瞭な形をとる。(17)

あざやかな構造主義宣言である。当時はまだ実存主義が有力な思想として強い影響力を持っていたことを思うと、この文章に込められた決意が私たちにもよく理解される。彼はマルクスが哲学から経済科学へと転回していったように、闘争の情動から科学へと向かっていったのである（「私の人生は一つの規範の体系＝科学にしたがうものとなる」）。セバークは構造主義を、マルクス主義を補完するもの、あるいはマルクス主義を完成に導くものと考えていた。これには大きく二つの意味がある。

一つの意味は、構造主義が社会の上部構造の解明を担うことによって、それまで社会の経済的下部構造の解明に力を注いできたマルクス主義に欠けていた部分、すなわちイデオロギーを含む上部構造の解明を進めることができるようになる、という視点である。

マルクスの思想が「認識論的切断」（アルチュセール）をへて、明確な科学の形をとるようになったとき、そこでは古典派経済学が開発してきた経済学の諸概念が、積極的に取り入れられ、すばらしいいくつもの改良がほどこされた。これによって、マルクスは社会の下部構造の解明を驚異的な深さと正確さをもって推し進めることができ、そこから『資本論』が生まれた。

そこで発達させられたマルクスの諸概念は、資本主義の経済的現実をみごとに描き出すものであったが、経済的現実は人間の言語が生み出す広大な現実の一部分でしかない。経済という社会の下部構造の上には、イデオロギーを含む巨大な言語的構築物が、上部構造として載っている。そして現実の社会はこの上部構造と下部構造の混成体としてなりたっており、歴史はその混成体の運動として生起している。したがって重要なのは、経済がすべてを決定するのではなく、下部構造と上部構造の「全体性（トタリテ）」なのである。

構造主義は、この上部構造の解明をめざす科学である。構造主義がその成立過程からいっても、言語学の中に一つの根を下ろしていることは明らかで、その意味でも言語的現実の分析に、抜群の能力を保有している。とくにイデオロギーは言語によって現実（レエル）を歪曲し、現実をそのような歪曲にしたがって生産する力を持っている。このイデオロギーが人々の生活に絶大な影響力を及ぼし、しばしば経済的下部構造の運行さえ変えていく。

長い目で見るとき下部構造が歴史にとって最終的な決定力を持つことは確かであるとしても、上部構造の科学的解明なしには、社会変革はなしえない。セバークはこのように考えて、イデオロギーの構造主義的分析の基礎を、この本で打ち固めようとした。

構造主義はマルクス主義を補完する能力を持つのである。セバークは同時代にロラン・バルトが『ミトロジー』でおこなっていた作業、すなわち現代文化の諸相に記号学的分析を加えることによって、そこを支配しているブルジョア・イデオロギーの歪みを暴露するという仕事よりも、もっと大きな視点に立つ研究を構想していたのだと、私は思う。彼は資本主義の本質にまで踏み込んだイデオロギー分析を考えていた。

リュシアン・セバークは日常生活批判以上のことを、この本で考え抜こうとしていた。私の考えでは、構造主義はマルクス主義を完成に導いていくことができる、と彼は考えていたのである。セバークはこの本で、マルクス・エンゲルスの「プロレタリアート」という概念にとくに注目している。ゲオルグ・ルカーチの『歴史と階級意識』などの影響を受けながらも、彼はつぎのようなことを独自に思考した。

マルクスは人間の脳に「離脱」ないし「脱領土化」の本性が宿っていることを、早くから見抜いていた。自分を産み出しそこに包み込んでいる「自然なもの」から離脱していこうとする本性が、人間の脳には深く埋め込まれているのである。このことは古代ギリシャのオイディプス神話によって、すでにはっきりと自覚されている。人間は大地という「自然なもの」から離脱して自由に「歩行」したいと願っているのに、大地の引き戻す力によって、足を引きずるようにしてしか、進むことができない存在なのである。その矛盾が人間という実存の本質をなす。

しかしマルクスは人類には「自然なもの」から離脱して、自由にまっすぐ歩くことができるという確信を持っていた。「自然なもの」からの離脱は、資本主義が本格的に動き出すまでは、社会の中で全面的かつ支配的に活動することを抑えられていた。その本性が資本主義とともに、資本主義によって、全面的に解放されるのである。

資本主義とともに成就されるのは、人間の条件の完全な社会化であり、資本主義社会以前の社会のなかに存続することのできた、すべての《自然な》ものの消滅である。(18)この過程を『共産党宣言』のつぎの一節ほど、冷徹かつ簡潔に表現しているものもない。

ブルジョア階級は歴史のなかできわめて革命的な役割を演じてきた。

いったん支配権をにぎると、いたるところで、ブルジョア階級は、封建的で家父長的で牧歌的なすべての条件をうちやぶった。人間を、生まれたときから自然な目上の者に結びつけている雑多な封建的なきずなをようしゃなく断ちきり、人と人のあいだには露骨な利害しか、冷酷な《現金勘定》しか、きずなとして残さなかった……人格の尊厳を交換価値のなかに解消した……一言でいうと、彼らは宗教および政治の幻影でおおいかくされていた搾取を、あからさまで恥しらずな、直接的でむきだしな搾取とおきかえた。(19)

商業資本は地球上の空間を自らの手で切り開き、世界の境界をかつてない遠いところまで拡大していった。しかもそこでは見積もりと簿記という高度な道具がつくりだされていたので、経済計算によって、多様性を均質化し、対象物、記号、象徴の総体を同質化していった。そこには人間の実存も含まれている。人間的実存もそこでは自然な多様性を奪われて、均質なものへと変容させられていった。

商業資本の段階ではまだ素描されていた程度にすぎなかったことが、産業的資本主義ではあらゆる領域に向かって、全面的に過激に拡大されることになる。その結果として「資本主義的生産様式が支配している社会の富は、商品の多量な蓄積として現れる」という、私たちがよく知っているこの世界が現出することになるのである。

資本主義が目指していたのは、「自然なもの」の桎梏を打ち破って、人類の創造力を解放することにあった。そのためにまずブルジョア階級が革命的な役割をになった。しかし彼らがつくりあげた社会では、真の全体性は実現されていない。その理由は、彼らがこの革命が真に志向しているものを、私的欲望によって心を曇らされているために、十分に理解できないからである。

そこで資本主義社会では、あらゆる場所に不適合が見出されることになる。「人間のすべての活動は特殊化され細分化され、さまざまな言語活動は不均衡を抱え、行為は抽象化されて合理化され、自立的な諸領域との関係を知らないまま、個別的な内容として思考され、散乱してしまっている。《物象化《レイフィカシオン》》や《物神崇拝《フェティシズム》》の現象である」。

マルクスはこのような資本主義を批判することの中から、「プロレタリア階級」という概念を創造したのである。資本主義が自分の成立条件の一つとして産み出した「賃金労働者」が、その概念の体現者である。プロレタリア階級は同じ運動から生み出されたブルジョア階級と違って、資本主義を産み出した運動の全体と一体になれる唯一の存在である。この運動とブルジョア階級は経済にも国家にも私的な様式でしか関わることができない。ところがプロレタリア階級にはその存在様式からして、運動の全体性と一体になることのできる可能性を与えられている。

彼らはブルジョア階級と違って、生まれながらにして「自然なもの」から切り離されている。所有財産もなく、社会の中での地位もない。このプロレタリア階級だけが、資本主義の形成として開始された人類の革命的運動を、最後まで完遂する能力を持っている。彼らだけが、人類の脳に埋め込まれた「離脱」の志向性を、完成に近づけることができ、全体性と一体に生きることを可能にしていくのである。

セバークはここで決定的な形で、ルカーチ(『歴史と階級意識』)からの引用をおこなう。

「ただ単にプロレタリア階級の登場によってのみ、社会的現実の認識は完全なものとなり、プロレタリア階級の階級的視点によってこそ、一つの視点――社会の全体性が可視的となる、その出発点にある視点が見出されるのである」

プロレタリアは資本主義によって創造された一つのクラスである。それはブルジョアとともに同時期に創り出された。ブルジョア階級が私的な様式をつうじてのみ資本主義と関わっているのにたいして、プロレタリアはすべてのものを社会化するという資本主義の根本精神の体現者として、資本主義に参与している。そのことによって、プロレタリアは資本主義の現実の姿を歪めることなく映し出す「無の鏡」となる。実現されている資本主義社会の先には、まだ実現されていない完成形が存在すると直観している。それゆえに、プロレタリアは革命の担い手となることができる。

私はここで言われている「プロレタリア」を、実体ではなく理念であると考えたい。マルクスの時代にこの概念の体現者は賃金労働者に限られていたが、それを理念としてとらえれば、その理念の現れの多様な様式を、多くのほかの領域にも発見できるようになると考えるからだ。プロレタリア階級をマルクスの同時代人たちのように固定した実体として理解すると、この概念の射程は現代ではますます狭く限定されていってしまうだろう。「プロレタリア」は役に立つ強力な概念である。それは現代の私たちにとっての有力な新しい武器となりうる。

リュシアン・セバークの構造主義は、プロレタリアの概念を介して、マルクス主義との真の結びつきを得ることになる。マルクス主義は「ヨーロピアン・マインド」を極限まで推し進めようとする思想であり、その極限に登場してきたのがプロレタリアの概念である。民族学もまた「ヨーロピアン・マインド」の展開の果てに出現してきた現代科学であり、そう考えてみると、マルクス主義者セバークにとっての「民族学」は、人間科学における「プロレタリア」としてのみ、正しい意味を持つことができるようになるのではあるまいか。

民族学は資本主義の生み出した植民地主義の随伴者としてはじめ登場して、植民地主義が現地でおこなう文化破壊のかたわらで、滅んでいこうとしている伝統文化の記録をおこなった。そのうちに民族学は植民主義の強力な批判者となり、伝統文化を科学的に研究することによって、あたかも「ミネルバの梟」として、伝統文化の真の意味と価値を明らかにする学問へと変容していった。

民族学者は自分の生きている社会の価値に呑み込まれてしまうことのできない生き方を自ら選んだのであるから、その社会の求める思考法をそのまま受け入れることはできない。彼は自分の生きている社会の中で、精神的な異邦人となる。それによってその社会を成り立たせている、無意識的な拘束や抑圧を照らし出す「無の鏡」に近く生きることができる。そして人間の知性の中にこのような歪みのない鏡を見出せるとしたら、それは科学の方法となる。「プロレタリア」という概念と真正な意味での「科学」とは、同一の本質をもっている。

セバークにとって、民族学は資本主義そのものを照らし出す、歪みない鏡となることのできる稀有な人間科学であり、そのような科学としてのみ、現代的な意味を持つことができる。それはけっして過去の文化を理想化する後ろ向きな学問などではない。

民族学の位置はそれゆえ、資本主義社会におけるプロレタリアの立場と酷似しているのだ。その民族学に構造主義は真正な科学的道具を提供する。その意味では構造人類学そのものが、セバークにとっての「プロレタリア科学」となりうるものなのだ。私たちは今日、不成就の状態で足踏みと後退と裏切りを続けている資本主義の姿を正確に映し出すことのできる、このような人間科学を真に必要としている。

セバークはレヴィ＝ストロースが語りえなかった方向から、構造主義の目指すところを描き出してみせたのだと思う。それは大学アカデミズムの中では語ることのできない、構造主義のもう一つの秘められた志向である。そのことを深く理解していたに違いないレヴィ＝ストロースは、南米に出発する直前のセバークから手渡された『マルクス主義と構造主義』の原稿を大切に保管して、その出版に協力を惜しまなかった。

悲劇的な死

一九六四年二月に南米のフィールドからフランスに帰国するまで、リュシアン・セバークは翌年に予定されている南米での新しい現地調査のことで胸を躍らせていた。しかし帰国した彼を待っていたのは、婚約者であったジュディス・ラカンが、ジャック・ラカンの後継者と目されていた若い精神分析学者ジャック＝アラン・ミレールと婚約して、翌年の五月の結婚式まで決まっているという、彼女からの信じられない報告であった。セバークは混乱し、重度の鬱病が再発した。そして一九六五年一月九日、彼は自殺した。[20]

セバークの突然の自死は、フランスの知識人たちに大きな衝撃を与えた。構造主義は彼によってこれから哲学的にも人類学的にもいよいよ深められていくのだろうと期待していた人々にとって、彼の死はあまりに痛ましい知らせだった。その突然の死は、故郷のチュニジアにも大きな衝撃をもたらした。イブン・ハルドゥーンの再来とも目されていたチュニジアの星が、突如消失してしまったからである。

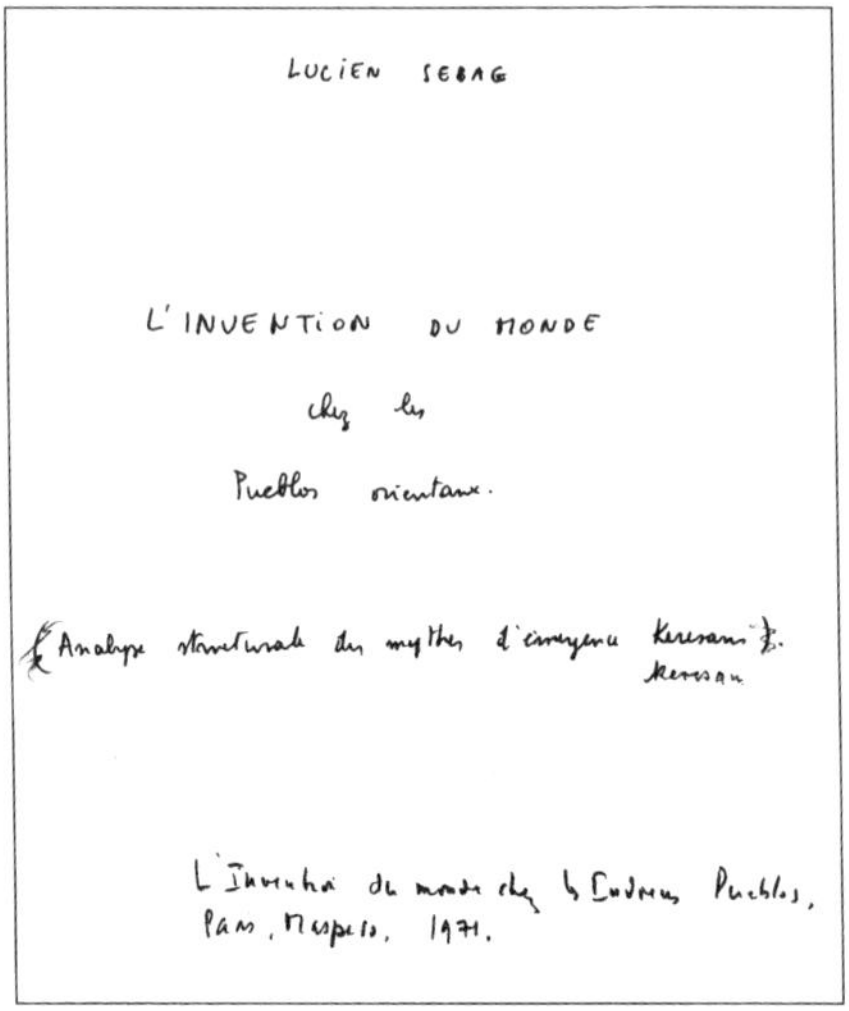

セバークがそのときレヴィ＝ストロースに手渡した草稿（GRADHIVA）

セバークの死の約一〇年後には、ピエール・クラストルも交通事故で亡くなってしまった。フランスの知的世界は二人の死によって、とてつもなく大きな損失を被ることになった。

しかしもっとも深い悲しみを体験した人の一人は、クロード・レヴィ＝ストロースであったろう。セバークは自死する直前に、レヴィ＝ストロースを訪ねて、まだ不十分な出来ですがと言いながら、書き上げた『プエブロ・インディアンの創世神話』の草稿を手渡した。師は喜んでその草稿を受け取り、二人はなにごともなく別れた。

セバークの死から数年後、レヴィ＝ストロースをはじめとするたくさんの友人たちの協力を得て、『プエブロ・インディアンの創世神話』は出版された。その本に寄せた悲痛な序文において、レヴィ＝ストロースはつぎのように書いた。

私の長い大学生活の中でも、毎週毎週きちんきちんと開かれるセミナーで、かくも熱のこもった共同作業が続けられた体験も珍しい。教授と聴講者とからなる研究チームでかくも実り豊かな体験がなされたことは稀である、と私は断言できる。それゆえ、ここにあるのは真の共同作業の成果であり、そのことは序文の中でリュシアン・セバークが述べているとおりである。そこで彼が果たした役割は、控えめに見ても絶大なものであった。彼がいなかったら、彼の熱意と根気強さがなければ、彼の鋭い知性とたゆまぬ努力がなければ、私を含めたこの研究チームの努力も形をなすことがなかったろう。この本を読む人は、彼がもし生きてあらば、今日の世界でどんなにか重要な存在となっていただろうかと慨嘆するに違いない。あまりに理不尽であまりに不公平な、早すぎる彼の死によって、我々の学問が失ったものは大きすぎる。(21)

第三章

構造の奥

互酬性の理論は問題にされていない……リヴァースにおいて民族学はそのガリレイを見出し、モースが民族学のニュートンであった。われわれは、その沈黙がパスカルを恐れさせた無限の空間よりも無頓着な世界において、なお活動しているこの珍しい、いわゆる双分組織が、惑星よりもはるかに保護されることなくその崩壊の時を告げ知らせる前に、彼らのアインシュタインを見出すことができるよう願うのみである。[1]

双分制

学生時代の一時期、沖縄の宗教組織の研究をおこなっていた私[2]は、レヴィ＝ストロースの『構造人類学』に収められている「双分組織は実在するか？」という論文に深い関心をもち、何度も読み返すことをしていた。

双分組織という用語は、公然たる敵対関係から濃厚な親密性にいたる複雑な関係を取り結ぶ二つの区分に、共同体――部族または村落――の成員が振り分けられている体系を言い、ふつうそこには、さまざまなかたちの競争と協働とがより合わされて見出される[3]。

その双分組織（双分制）が、沖縄諸島の広い範囲の村々に見出されていたからである。双分制のおこなわれている社会では、森羅万象の事物がしばしば二つの部分に分けられる。「男性」と「女性」、「右」と「左」、「東」と「西」、「山側」と「海側」、「陸」と「海」、「赤」と「黒」、「生もの」と「調理したもの」、「未婚」と「既婚」、「老」と「若」などに二分されたさまざまなジャンルの事物が象徴的に関係づけられて、思考のもとになっている。とくにその思考は、神話や祭礼などで重要な働きをしている。

双分制の原理が社会組織を構成する原理となっている社会も、多く存在している。その原理で社会そのものを組織するようになると、部族や村落が二つに分割されて「半族」をつくるようになる。そこでは一方の半族の男はもう一方の半族の女の中からしか妻を得られないという、「外婚（エギゾガミー）」の制度が生まれてくる。双分制をもとにした外婚の制度は、原理もすっきりしていて安定しているので、多くの古代社会で好まれた。そこで初期の人類学では、双分制に基づく外婚こそがもっとも原初的な社会制度であると考えられたこともあった。いずれにしても、双分制を抜きにして近代以前の社会組織の問題は語れないのである。

それと同じ本質をもつ双分組織が、伝統的な沖縄の村々に見出されていた。そこでは、東は男性的な方位であり家の外に結びつき、西は女性的な方位とされて家の内側に関係づけられている。沖縄の伝統家屋はこういう双分的原理によって建て方が決められていた。家屋の中での各人の座り場所や行動も、双分的な思考によって規制されていた。沖縄で語られてきた神話や複雑な祭祀は、こういう双分制の特徴を色濃く残している。

双分制をめぐる諸問題は、そのうち構造主義の影響を受けて「象徴的二元論」という洗練された呼び名を与えられ、象徴論の側面から活発に研究されるようになる。とくにロドニー・ニーダムを中心とする英国の人類学では、それを武器にして、東南アジアやアフリカの人々の思考様式を探り出そうという研究が盛んだった。彼らは二元論をとおして象徴的に表現された世界を、人類の原初的な分類思考の産物と考えて、ケンブリッジの分析哲学派を思わせる、きちんと整った図式に表してみせた。象徴的二元論は一九七〇年代のその頃、人類学における一種のファッションとなっていたのである。

一例として、ニーダムがアフリカのムグウェ族の資料をもとに取り出してみせた、そのような図式の一部を示してみよう。(4)

右	左
北	南
白いクラン	黒いクラン
昼	夜
若者	年配
男	女
優	劣
東	西
政治的権威	宗教的権威

しかし私は、そのような象徴的二元論の図式に、深い疑念を抱いていたのである。双分制は内部に見逃すことのできない矛盾にみちた不均斉《アンバランス》を抱えていて、象徴的二元論ではそのことを捉えることが

できないと、私には思えたからである。なによりも沖縄の事例が、そのことを雄弁に語っていた。

沖縄では東は太陽の出る方角として、太陽の沈む西よりも「優れている」とされていた。太陽が月に勝るようにである。この東の方位に男性が結びついている。しかし男性は女性に比べて「俗なる」存在であるから、聖なる祭祀では霊的に「優れている」女性に、上位の席を譲らなければならない。

沖縄の綱引き儀礼（1960年代、恒例糸満大綱引きの本部席前。提供：糸満市教育委員会、撮影：東風平朝正）

こういう不均斉は綱引きの儀礼で、さらに明瞭になる。綱引きは男性原理と女性原理の間でおこなわれる。女性原理の側が勝負に勝つと、その年は豊作がもたらされ、たくさん子孫が生まれるとされているから、双方の綱に取り付いている者たちの感情は両義的で複雑である。綱引きの勝負は状況に不均斉をもたらすことになるが、勝負そのものはフェアーでなければならないからである。そのような双分制は社会がゲームをおこなうためのルールにすぎないものので、そのルールを操ってバランスを生み出す過程のほうが社会にとってはより本質的なのではないか、と私には思われた。

双分制は謎をはらんでいる。このように不均斉を含みシーソーゲームのような動揺を繰り返している対象を、象徴的二元論の「図式（スキーム）」として表現することは、現実にそぐわない抽象であるばかりか、論理的にも不可能であるように思われた。

私は双分制の深層には複雑なもっと別の思考過程が活動していて、先住民の社会はそれを表現する最適な形式が見つからないために、しかたなく双分制を採用し、うまく作動するためにわざと不均斉を導入して、つじつまを合わそうとしているのではないか、とも考えた。しかしその「別の過程」が何なのかは、その頃の私には先の見えない霧の中にあった。

その当時、象徴的二元論は人類学における構造主義を代表する思考法と言われていた。だが私には構造主義というのはマルクスとフロイトの思想を現代に拡張する可能性をはらんだ革命的な人間科学と思い込まれていたので、世の中でこれが構造主義とされていたものにはたいがい背を向けて、いわば「構造の奥」に潜んでいるものの探究の方に向かおうとしていた。

レヴィ＝ストロースの弁証法

そのとき私は「双分組織は実在するか？」という論文を読んだのである。その論文の中でレヴィ＝ストロースは、双分制に対して私の抱いたのと同じような疑念を表明していた。

レヴィ＝ストロースの研究していた南アメリカの先住民社会では、双分制による思考が発達していた。神話や呪術や宗教の領域にその思考法は顕著に現れているが、それ以上にその思考は、村落の構造と婚姻の体系として、くっきりと現実化されていた。まずこの領域の研究のパイオニアであるアルビゼッティ神父によって表されたボロロ族の村落の平面図を見てみよう(5)。ボロロ族はのちにレヴィ＝ストロースによって調査研究されることになる部族である。

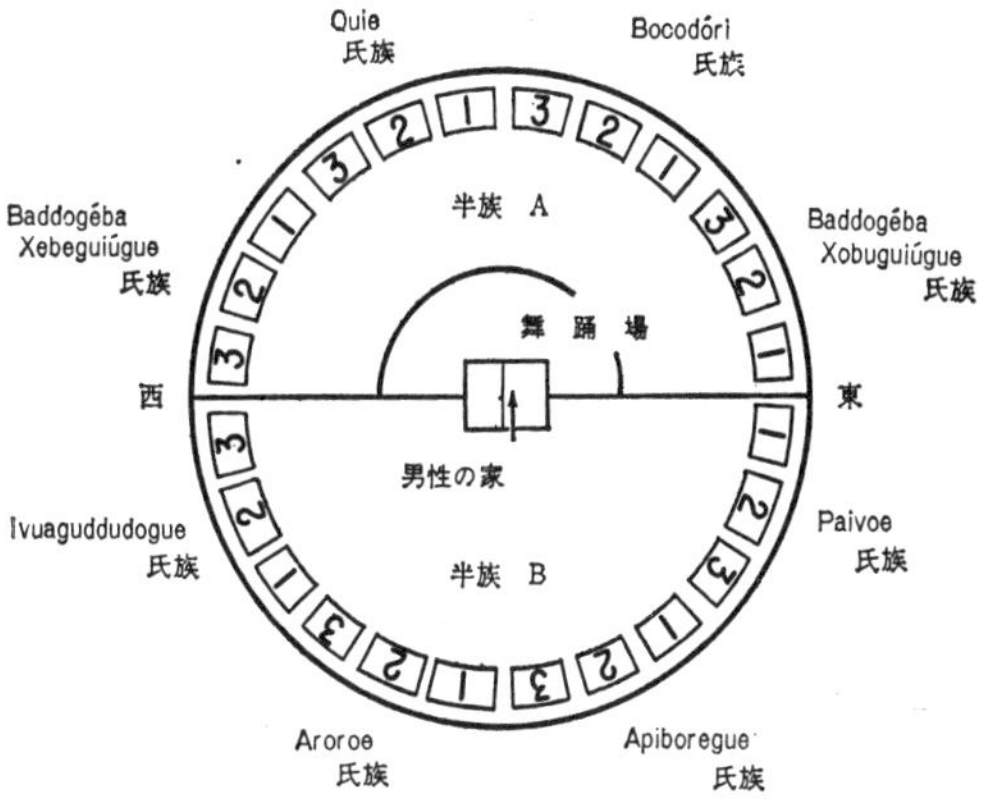

ボロロ族の村落構造（クロード・レヴィ＝ストロース『構造人類学』みすず書房　1972）

中心にあるのは男性の家で、ここには独身男性が住み、結婚した男性たちもここでしばしば集会を開く。女性の立ち入りは厳しく禁じられている。この男性の家を取り囲んで舞踊場がある。舞踊をおこなう空間として踏み固められ、草木が生えないように整備されている。この中心部から藪を通って何本もの小道が放射状に伸びている。これらの道の先には家族の住む小屋が円形に配置され、小屋の背後は森の縁に接している。小屋には夫婦と子供が住んでいる。血統は母系でたどられ、母方居住のやり方がとられている。空間的に表現された中心と周縁の対立は、男性の家を所有する男性と、実質的に小屋を所有する女性の対立をもあらわすことになる。

ここにあるのは典型的な「同心円的構造」である。村の人たちも自分たちの村が同心円の構造をしていることをはっきり意識していて、中心＝男性＝聖なる生活と、周縁＝女性＝俗なる生活という象徴的二元論によって、暮らしの秩序あるリズムを整えている。このような同心円的構造の村落配置は、縄文中期の社会にもしばしば見出される。

ところがボロロ族はこの同心円的構造に重なるように、そこにいくつもの直径的タイプの構造を共存させていた。まず村落は東西の線によって、二つの半族に分けられている。この線がボロロ族にある八つの氏族を、外婚的な四つずつのグループに再度分割している。またこの東西線に垂直に、南北方向に走る線によって分割され、八つの氏族を「高い」と「低い」の二つのグループに分けているのである。

それればかりではない。そこには三元論的構造まで含まれている。八つの氏族は上・中・下という三つの階層《クラス》に分けられていて、それが各半族の分割の内に配分されている。そのためある半族の上の階層に属する者は、他の半族の上の階層の者と結婚し、中の者は他半族の中の者と、下の者は他の半族の下の者と結婚するように義務づけている。だからボロロ族の社会では、一見すると双分制にもとづく外婚がおこなわれているように見えるけれども、じっさいには上・中・下の内部で結婚をおこなう三元論的な内婚（エンドガミー）的体系に変えられてしまっているのである。

このようにして、ボロロ族の村落では、中心―周縁からなる同心円的構造は東西／南北軸による直径的構造としても理解されており、また双分制と見られるものがじっさいには三元的構造として機能しているという事態が起こっている。レヴィ＝ストロースはこのような例が例外的なものではなく、南北アメリカの先住民社会に広く見られる現象であることを例証してみせている。

したがって問題の核心は、つぎのようなところに絞られる。直径的双分制、同心円的双分制、三元論的構造は相互に深いつながりがあって、一つの社会の中でしばしば解き難い混合体としてあらわれる。一般に「双分組織」と呼ばれているものは、そうした混合体なのであり、当然のごとくそこには矛盾と不均斉の現象がつきまとう。この三つの構造の間には、どのような関係が存在しているのだろうか。

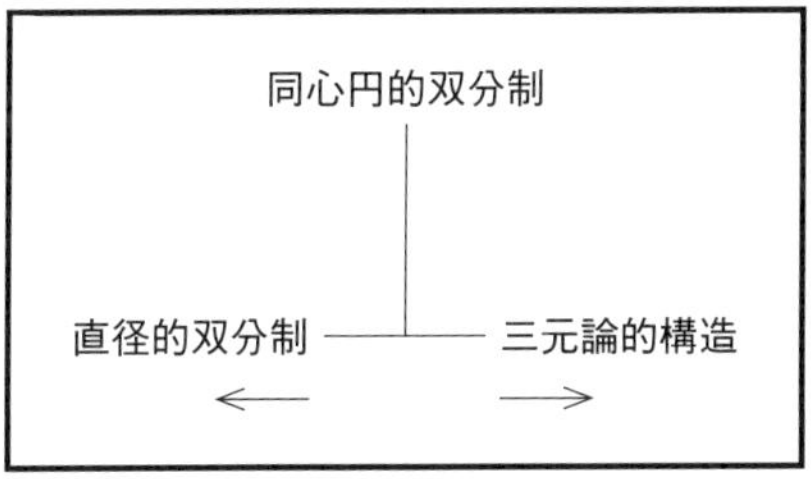

三つの構造の相互移行の関係

三つの構造の間には、つぎのような関係がある。[6]

同心円的双分制の内部には三元論の構造が潜在的に含まれている。また三元論は同心円的双分制を仲立ちにすれば、直径的双分制にたやすく移行していくことができる。そうなると、象徴的二元論が取り出した二元論の各項目とその対には、いつでも三元論に移行していくことの可能な不均斉な運動が潜在していることになる。構造分析はこのような複雑な運動の弁証法をとらえることのできるものでなければならない。

ここからレヴィ＝ストロースはつぎのように結論する。

いわゆる双分組織の研究は現行の理論に照らすときわめて多くの破格と矛盾を明らかにしているから、われわれはこの理論を放棄して双分制の明白な諸形態を、その真の本性は、別のはるかに複雑な構造が表面的にゆがんであらわれたものとして扱った方がよいのではないかということであった[7]。

このようなレヴィ＝ストロースの発想の背後に、私は『ルイ・ボナパルトのブリュメール十八日』のような著作に示されたマルクスの思考法の影響を見る。マルクスはその著作で、十九世紀のフランスに起こった政治クーデターにさいして、事件の当事者やそれを傍観していた現地人（市民）などが、その事件の意味を理解・解釈して、自分の立場や行動を決めていったとき、その理解や解釈は出来事の真相を正しく反映したものではなく、幻想のベールをとおして映し出された現実の歪んだ像にほかならないことを示した。しかし現実を生きている当事者たちには、そのことはわからない。そうやって歴史はつくられていく[8]。

同じことが人間のいるところならどこでも起こりうる。アマゾンの森の中に暮らす先住民にとっても、現実に自分たちのおこなっていることの意味を正しく理解することはできないのである。自分たちの社会の奥で作動している真の原理は複雑すぎて、それを正しく表象するのは困難である。そこで可視化しやすい同心円的構造や直径的構造を用いて、村落の空間配置や婚姻体系をとおして、それを表現しているのではないか。そのために、表面にあらわれている双分制の諸制度には破格と矛盾がつきまとうことになる。

ボロロ族であろうが、西欧社会の人々であろうが、人間は「自分が何をなしているのかほんとうにはわからないまま」（マルクス）、幻想の上に彼らの信じる現実を紡ぐのである。しかし構造主義の求める真の「構造」とは、そのような幻想を破ったところに現れる「現実」に内在する何ものかでなければならない。象徴的二元論のレベルにその「構造」はない。

私にはその頃もてはやされていた構造主義が、その「構造」には触れることのないまま、その手前にある構造の似像の段階にとどまってしまっているように思われた。私たちは、いわゆる構造主義を超えて、双分制や三元論の諸構造の「奥」で作動している、別のはるかに複雑な原理の探究に、向かっていかなければならないのではないか。それは諸構造の「奥」で作動しているもの、いわば「構造の奥」に向かう探究にほかならない。

互酬性の謎

「双分組織は実在するか？」の論文の最後のパラグラフに、レヴィ＝ストロースは双分制とも三元論とも別の「はるかに複雑な原理」として「構造の奥」にあるものとは「レシプロシティ reciprocity」であろうと書きつけている。これは「互酬性」「相互性」「相恵性」などと訳されている言葉であるが、私はこれからそれに「互酬性」という訳語を採択して、話を進めることにする。最後のパラグラフは以下のようである。

互酬性の理論は問題にされていない。今日、民族学的思考にとってそれは、重力の理論が天文学にとってそうであるように、確固たる基盤の上に立ちつづけている。しかし、この比較からもう一つの教訓が得られる。すなわち、リヴァースにおいて民族学はそのガリレイを見出し、モースが民族学のニュートンであった。われわれは、その沈黙がパスカルを恐れさせた無限の空間よりも無頓着な世界において、なお活動しているこの珍しい、いわゆる双分組織が、惑星よりもはるかに保護されることなくその崩壊の時を告げ知らせる前に、彼らのアインシュタインを見出すことができるよう願うのみである。(9)

民族学にあらわれる双分制は、多くの場合、女性の交換システムである婚姻に関わっている。どのような結婚の制度がおこなわれていようと、男性は自分の娘や姉妹にあたる女性を、他の男性に妻として与えなければならない。そうしないと、その男性は許しがたい吝嗇《けち》とみなされて、インセスト(近親相姦)の汚名を受けることになる。自分の大切にしている貴重なものを「気前よく」他の人間に贈り物として与えることができないと、その人の信望や威信は保てない。これは現代社会でも形を変えて通用している倫理上のきまりである。

贈り物を受け取った相手は、それにたいする「返礼」をしなければならない。妻をいただいたお返しに、ある半族の男は別の半族の男に、自分の大切に育てた娘や姉妹を妻として与えなければならない。双分制のおこなわれている社会では、そのお返しは直接的な贈与交換の形をとることになるが、そういう制度がない社会でも、回り回っていわば間接的な形で、他の集団へのお返しが果たされる。

女性の贈与に関わる結婚のケースだけではなく、この「贈与と返礼」のメカニズムはあらゆるタイプの「富」にたいしても適用が可能である。なにかの貴重品を贈り物として送ったら、もらった人はそれにたいするなにがしかの品による返礼をしなければならない。このような贈与の体系が、近代以前の社会では大いに発達して、社会の基礎をなしていた。

これが「互酬性」の原理にもとづく贈与の仕組みである。人が他の人と結びつくためには、お互いの心理のうちでこの互酬性が働いていなければならない。そうしなければ、人間はこの宇宙の中でたった一人、孤独のまま生きなければならない。この宇宙でなにかのつながりをつくりたいと思ったら、相手が人間であろうと動物であろうとかまわないが、相手にまずなにかを贈与しなければならない。すると贈り物をもらった相手は、互酬性の原理に基づいて、なにかのお返しをする（相手が動物なら好意を見せるようになるだろう）。

双分制の実例は、この互酬性が現実の社会を構成する基礎原理となっているさまを、目に見える形で示しているが、そうでなくとも互酬性がなければ社会はなりたたない。それは人間関係をゼロからつくりだす力を持ち、交換をともなうあらゆる社会システムを支える原理となっている。レヴィ＝ストロースは『親族の基本構造』の中で、自分の観察したつぎのような興味深い話をしている[10]。

場所は南フランスの町の小さなビストロである。コート・デュ・ローヌの銘柄で有名なワイン産地にあるそのビストロでは、ワイン込みの安い値段で食事を出しており、どの客の皿の前にもワインの小瓶が置いてある。このきっかりグラス一杯分のワインは、客が自分のために頼む日替わりの定食とちがって、一種の社会財としての働きをする。このワインは自分のグラスにではなく、隣の席にたまたま座ることになる客のグラスに注がれるのである。すると相手も互酬的ふるまいで応じてきて、こちらのグラスにワインを注ぐ。

フランス社会では見知らぬ相手と気軽に会話を始めたりしないのが習慣なのに、この一杯のワインの互酬的な交換によって、会話が発生するようになる。ただでさえ狭いビストロの中で、ほとんど肩を寄せ合うようにして座っている客どうし、このまま一時間以上もお互い黙りこくったまま食事をするだけでは、気持ちがほぐれない。そのとき社会財としてのワインの互酬的交換が、人と人の間に「つながり」を生み出すのだ。

相手と接触しないままで、つながりを発生させることもできる。いわゆる「沈黙交易」のやり方である。きまった場所に誰かが食料なり装飾品なりをそっと置いていく。しばらくすると、どこかでこの様子を見ていた別の人が現れて、自分の持っている品物とそれを交換して去っていく。交換される二つの品物がほぼ同価値でなければ、この交易に次回はないであろう。このやり方を用いれば、緊張関係にある集団間でもお互いの間につながりをつくることができる。

この互酬性があらゆる社会的つながりの基礎であることは、ルソーを待たずとも古代からよく知られていた事実である。互酬性の基礎からあらゆる社会組織は生まれてきた。マルセル・モースが『贈与論』で明らかにしたように、互酬性の原理はありとあらゆる社会性の形式をつくりだす。つまりモースの言う「全体的社会事象 faits sociaux totaux」を、互酬性はつくりだすのだ。それは贈り物を持った人間と人間を互いに接近させ、引きつけ合い、贈り物の交換を起こさせ、もらったものにお返しをする義務を発生させることによって、社会性の原基をつくりだしている。

それゆえ、ここで互酬性の原理を重力の作用に比定するレヴィ＝ストロースの喩えは、まことに正確で深い。互酬性には引力に似た力を発生させる原理がひそんでいる。引力は物質同士を引きつけ合わせるが、互酬性は人間同士を引きつけ、交換を発生させ、社会をつくりだす。天文学は重力の理論によって盤石な基礎が据えられている。それならば、人間科学の盤石な基礎は互酬性の理論の上に築かれることになるのではないか。私たちの求めている「構造の奥」は、この互酬性の内部に潜んでいるに違いない。

重力論と贈与論

互酬性と重力（引力）との類比をさらに推し進めてみよう。レヴィ＝ストロースはつぎのような類

重力理論	互酬性または贈与論
ガリレイ ニュートン アインシュタイン	リヴァース モース （？）

比をあげた。

レヴィ＝ストロースがどこまで本気でこの対照をおこなったのかは定かでないが、じつにこの対照は正確であると思う。重力理論においてガリレイが果たした役割を、リヴァースは互酬性の理論において果たした人類学のパイオニアである。彼は親族研究のために「系譜的研究」という方法を開発した。現代の親族研究ではもうこの方法は用いられなくなっているが、リヴァースがこの領域の学問の発展に与えた影響は甚大であった[11]。

リヴァースは互酬性の重要性をもっとも早い時期に指摘したが、それとのかかわりで双分制にいちはやく着目した人物でもある。彼は心理学的解釈を退けて、歴史的観点を採用した。彼の考えによると、異なる部族が出会って共に生きていこうと決めたとき、あるいは戦争に勝った部族が他の部族を併合して一つになろうとしたとき、それぞれの部族が半族の片割れとなって、双分制を形成するようになったのである。双分制にはしばしば、どちらかの半族が他の半族にたいして優勢な立場に立つという不均斉の現象が見られるが、リヴァースのような立場を取ると、それもごく自然ななりゆきと理解される。

リヴァースのような考えを取れば、双分制を採る部族ではいわば現実主義的な考えから、互酬性を実現するために半族間での女性の交換がおこなわれるようになったのだから、互酬性には少しも隠された性質のようなところはない。リヴァースの実証主義的な互酬性理論は、このような意味でガリレイの重力理論を思わせる。

ガリレイはケプラーの三法則をもとにして、物質の運動理論をつくった。しかしケプラーからガリレイに至る道には、深い断絶線が走っている。近代的な天文学の父であるケプラーは同時に占星術にも関心が深かった。また彼の師であるティコ・ブラーエなどは著名な占星術師でもあった。ケプラーの法則は引力によって引き起こされる天体間の運動法則をまとめたものだが、その引力をケプラーは月や諸惑星に内在的に備わった力と考えて、それを「隠れた性質 qualitates occultae」と呼んでいた。これにたいしてガリレイは、そのような天体に内在する引力という考えを否定したのである。

ガリレイはアリストテレス哲学とスコラ学によってつくられたそれまでの中世的な学問を、根底から覆そうとした。彼は、諸事象の内に隠されている性質などというものを信じていなかった。「なにによって」ではなく「いかにして」を正確に知ることが新科学の目的であると考えたガリレイは、数学的解析を利用した徹底的に機械論的な世界観に立った物理学を、つくりだそうとした。だからガリレイは重力についても引力についても、ほとんど語ることがない。それによって動かされている宇宙が、いかにして運行しているかを知ることだけが、ガリレイにとっては重要だったからである[12]。

現代人類学の父の一人と言えるリヴァースも、人間集団を引きつけあっているかに見える互酬性が、どのような原理で動かされているのかではなく、それがいかにして作動しているのかだけを明らかにしようとしたのである。今日にまで影響を及ぼし続けている彼の親族構造論は、その考えをもと

フィールド調査するリヴァース〔一番左〕の写真（wiki PD）

にしてつくられた。

リヴァースとその学派は、双分制のような社会制度が、人間集団を引きつけ合う「隠れた性質」によって生み出されるとは考えずに、それを異なる部族の融合という歴史的な過程に還元することによって、双分制の本質はなにかではなく、それが「いかにして」作動しているかだけを研究しようとした。この意味で、リヴァースは民族学におけるガリレイなのである。

リヴァースは互酬性を機械論的に説明しようとした。半族どうしがおこなう女性や物品の贈与的交換に、それを内部から突き動かしているなにかの原理や引力に類似した何かの力などがなくても、リヴァース的宇宙は回っていけるようにできている。双分制にしばしば見られる不均斉の現象なども、それが歴史の産物であれば、とうぜんの起こりうるなりゆきである。

しばらくすると、マリノフスキーやラドクリフ＝ブラウンが、機能主義の立場からこのようなリヴァースの互酬性論を批判するようになる。彼らは互酬性には心理学的な意義をもつ内在的な原理があるにちがいないと主張しだした。そうした動きの中から、民族学のニュートンたるマルセル・モースが出現したのである。モースは画期的な『贈与論』を著して、互酬性の現代的理論を創造した。

それではなぜモースはニュートンに比定されるのか。これには大きく二つの理由がある。ニュートンはすべての物体が重力の中心であり、天体でも地上でも相互に引き合っているという「万有引力」を考えた。

じっさい彼は『プリンピキア』にこう書いている。「重力はありとあらゆる物体に存在するであろうこと。そして各物体に含まれる物質量に比例するであろうこと」「重力は、その効力を減少させることなく太陽や惑星の真っ芯にまで入り込むある原因よりなり、またその作用がすべての物体の物質量に比例するがゆえに、表面粒子にだけでなく、すべての物体の真っ芯にまで及んでいる[13]」。

モースの考え方も、これとよく似ている。モースは、互酬性の原理は社会の特定の部分に働いているのではなく、社会的、宗教的、呪術的、経済的、情緒的、法的、道徳的など、社会のあらゆる事象(全体的社会事象)にまでその働きは及び、社会のうちで隙間なく働いていると考えた。つまり互酬性の原理は、社会的事象にとってのいわば「万有引力」なのである。ニュートンの万有引力のように、互酬性の原理は人間と人間を結びつける社会性の基礎である。あらゆる社会システムがこの互酬性の原理の上になりたち、その原理のあらわれである。

このようにニュートンの万有引力とモースの互酬性は、一方が物質にかかわり、もう一方が人間の社会にかかわるという違いを持ちながらも、お互いにとてもよく似た発想をしていることがわかる。

しかしこのように発想したことによって、ニュートンもモースも一つの困難を抱え込むことになった。このことが第二の共通点である。

ニュートンが万有引力はあらゆる物体に含まれているというとき、彼はガリレイが周到に避けておいた問題、すなわち物体に「隠れた性質」として含まれている重力という問題に、再び直面しなければならなかった。この問題は、微積分の計算テクニックを駆使して、力学上の問題をつぎつぎと成功裡に解決に導いていったニュートンを、最後まで悩ませ続けた。なぜならニュートンは、ガリレイのような機械論者ではなく、力学に劣らず神学の熱烈な信奉者であったからだ。

「神は永遠に持続し、奈辺にも存在する」とも「遍在者（神）は超越的に存在するばかりではなく、実体的にも存在する」と考えていたニュートンにとって、太陽系に充満している神という非物質的存在が、万有引力を伝え支配しているのである。万有引力の原因を機械論で説明するのは馬鹿げたことだというのが、ニュートンの考えである。万有引力の本質を説明することをあきらめ、それが宇宙を支配する様式を数学によって正確に描き出すことこそ、科学の務めなのである。ガリレイのように重力を科学から隠蔽することは許されないと考えたニュートンは、それを神とともに復活させたと言える。

ケプラーからガリレイをへてニュートンに至る重力をめぐる思想の変遷を、山本義隆がつぎのように簡明に描いている。

　ケプラーが奇妙な太陽崇拝と独特の三位一体の教義と世界の調和というピタゴラス的信念から思い至った天体間の重力は、近代科学の創始者ガリレイからも徹底した機械論者デカルトからも受け容れられなかったが、ニュートンが世界体系の解明の支柱に据えたことによって、どのようにしても無視しえないものとなった。そしてニュートンは、重力を神の意志に、神の支配と深慮に委ねることではじめて、自身の世界像を完結させえたのであった。所詮、重力と機械論的世界像はなじまない。(14)

＊　＊

『贈与論』においてマルセル・モースは、贈与の慣行の深層で作動している互酬性の原理の本質を問おうとした。

　モースが抱えた問題とはこうである。人が他人と人格的な関係を結ぼうとしたときに、何かの贈り物を与えることが、コミュニケーションの開始を告げることになる。しかしそれにしても、なぜお返しをしなければならないのか。しかもお返しは与えられたものとほぼ同じものでなければならないのか。与え、受け取り、お返しする、という贈与を構成する三つの義務の中で、もっとも重要なのは、お返しすること、言い換えれば「受けとった贈り物の返報を強制する」義務である。いったいどんな力がこのような強制を受贈者に課すのか。これはある意味でガリレイが退けたケプラー・ニュートン

マルセル・モース（wiki PD）

的な問いである。
モースはそのとき「与えられたモノの中にその最初の所有者へと回流し、回帰させる力がある」と考えると、この謎は解けると思った。

こうした精神的メカニズムの中で一番重要なのは、明らかに受けとった贈り物を返報する義務である。ところが、この強制の道徳、宗教的理由がポリネシアほど明白に現れている所はどこにもない。そこでとりわけポリネシアを研究して、どんな力が受けとったモノを返報させるのかを一層詳しく見てみよう[15]。

そこからモースは、マオリ族の賢者タマティ・ラナイピリがエルズダン・ベストに語った言葉を手がかりにしながら、「ハウ」や「マナ」というポリネシア特有の考えを分析していく。『贈与論』にはこう書かれている。

ハウ、つまりモノの霊について……タマティ・ラナイピリは全く偶然に、なんの先入観もなしに、問題の鍵を提供してくれている。……貰ったり交換された贈り物の中で人を義務づけるのは、受けとったモノに生気があるからである。贈与者の手を離れても、モノはなお彼に幾分かは属している。贈り物を通じて彼は、受取り手に効力を及ぼしているのだ……要するにハウはその生まれた場所、森や民族や所有者の聖域に帰りたがっている……モノは、その「古巣」に帰りたがるか、あるいはその生まれた民族や土地のために、自分の代わりの等価物をもたらそうとする[15]。

マオリの賢者の語った言葉の中には、普遍的な真理が示されているというのが、モースの考えである。贈り物にはなぜ返報の義務がつきまとうのか、という問いを解く鍵がここにある。モースは北アメリカ北西海岸の諸部族でおこなわれている「ポトラッチ」についても、同じ考えが適用できると考えた。クワキウトゥル族やハイダ族では、貴重品の銅板がポトラッチの祭儀をとおして、裕福な所有者たちの間を循環するが、それは「ちょうど富が富を呼ぶように、他の銅板を呼び寄せる磁力をもち……生命があって、自立的に動き、他の銅板を引き寄せる」のである。

天体の運行と循環の中に、ケプラーもハウやマナによく似た霊的な力の作用を想定することによって、彼の有名な三法則を発見している。ニュートンも万有引力方程式の根底に、神の霊的作用を想定していた。モースはリヴァースが立てなかった問いを自ら立て、それに解答を与えようとして、ポリネシア人の思想家（賢者）の考えをそのまま採用した。モノに内在する霊的な力が、贈与物の循環を突き動かしているのだ。

したがって、現代人類学の創始者であるモースを、現代物理学の祖であるニュートンに比定することは二重の意味で正しい。二人は現代科学の新領域を創造したが、それと同時に、そこに霊の働きを導入したのである。

フランス啓蒙主義

アインシュタインはニュートン力学の体系を根底から革新したと言われているが、じっさいには両者の間で、ダランベールやラグランジェやラプラスなどのフランス啓蒙主義の思想家と科学者たちが重要な改革的仕事をおこなっておいてくれなかったら、現代科学への通路は容易には開かれていなかったであろう。フランス革命の申し子である彼らは、ニュートン力学に混在している神学的要素を徹底的に取り除き、力学を解析学のアルゴリズムに還元したのである。

物理学者の主要なる資質とは、体系の精神を持ってはいるがしかし決して体系を作らないことであるといえよう……天体がそれらの距離の2乗に逆比例する力で互いに引き合いながら抵抗のない空間を運動するとすれば、それらの運動の研究は力学の一つの問題であって、これに対してわれわれは必要なデータをすべて持ち合わせている。この問題の解は、引力の体系にぴったりと合致するにちがいない現象を指示するであろう。この〔引力の〕体系が物理学的天文学(astronomie physique)において持つべき権威を判定するには、その解を現実の現象と比較するだけでよいのである。(16)

贈与論(互酬性の理論)の領域で、このフランス啓蒙主義と同じ任務を果たしたのが、じつはレヴィ＝ストロースであった。一九六八年にフランス大学出版局から出版されたマルセル・モースの著作集『社会学と人類学』のために、レヴィ＝ストロースは大きな序文を書いた。その中で、モースの贈与論におけるくだんの「返礼を強制する力」についてのモースの思想に触れた。

モースは贈り物に内在するハウやマナが、もといた場所に戻ろうとして、贈り物の循環が起こるのだと考えた。これにたいしてレヴィ＝ストロースはつぎのように書く。

この効力――贈与を循環させる力――は交換される財の物質的特性と同じように、客観的に存在するのか。明らかに否である。……だからこの効力は主観的に理解されねばならないが、そうすると次のような二者択一の前に立たされる。すなわち、この効力は、先住民の思考が表象するように、交換行為そのものにほかならないのか――そうなると循環論にとじこめられる――、それとも交換行為とは違った性質のもの――そうなると効力に対して、交換行為は副次的なものにすぎなくなる――なのか、という二者択一に。このジレンマから抜け出す唯一の方法は、交換こそが根源的現象であって、社会生活によってばらばらにされた離散的な活動ではないことに気づくだろう……ハウは交換の究極的な理由ではない。それは、この問題が格別に重要性をもつ特定の社会の人々が無意識的な必要性を把握しようとした意識形態であって、その必要性の理由は他の所にある。……先住民の概念作用を抽出した後では、それを客観的な批判によって還元しなければならず、こうしてその下に隠れた実在に到達できるのである。ところでこの実在は、丹念な意識的加工よりも、制度を通じて、さらによりよくは言語の中に把握できる無意識的な精神構造のなかで見出されるチャンスがはるかに大きい[17]。

ここに書かれたことが、一種の「構造主義宣言」とみなされて、その後の民族学者たちの思考に大

郵便はがき

料金受取人払郵便

小石川局承認

1125

差出有効期間
2025年 4 月 9
日まで
（切手不要）

112-8731

東京都文京区音羽二丁目
十二番二十一号

講談社
学芸部
学術図書編集
行

ご購読ありがとうございました。今後の出版企画の参考にさせていただきますので、
ご意見、ご感想をお聞かせください。

（フリガナ）
ご住所　〒□□□-□□□□

（フリガナ）
お名前

生年（年齢）
（　　　歳）

電話番号

性別　1 男性　2 女性

ご職業

小社発行の以下のものをご希望の方は、お名前・ご住所をご記入ください。

・学術文庫出版目録　希望する・しない

・選書メチエ出版目録　希望する・しない

TY 000045-2302

この本の タイトル	

本書をどこでお知りになりましたか。

1 新聞広告で　2 雑誌広告で　3 書評で　4 実物を見て　5 人にすすめられて
6 目録で　7 車内広告で　8 ネット検索で　9 その他（　　　　　　　　　）
＊お買い上げ書店名（　　　　　　　　　　　　　　　　　　　　　　　）

1．本書についてのご意見、ご感想をお聞かせください。

2．今後、出版を希望されるテーマ、著者、ジャンルなどがありましたらお教えください。

3．最近お読みになった本で、面白かったものをお教えください。

ご記入いただいた個人情報は上記目的以外には使用せず、適切に取り扱いいたします。

きな影響を与えた事実は見逃せない。先住民が彼らの信念や制度を語るとき用いている概念は、彼らの無意識的な精神構造のなかで起こっていることを、彼ら自身で理解しようとして生まれた意識形態を示しているのであって、民族学者がそれを「真に受けて」、そこから科学的説明を始めたりすると、間違った道に迷い込んでしまうことになる。

互酬性の理論では、与えられた贈り物にはお返しをしなければならないという気持ちをつくりだしているのは何か、という問いに答えるのが一番重大である。何かの力が人間の精神に働きかけをおこなっているのは確かであるが、それをハウやマナのような型の思考で説明してはいけない。そうでないと、あれほど優れた知性の持ち主であったモースであっても陥ってしまったように、「先住民に騙されてしまう」ことになると、レヴィ＝ストロースは語る。それはハウやマナが何かの意味内容を語っているのではなく、何も語らない空虚な記号であることによって、社会で一定の働きをおこなうものだからである。

ここからレヴィ＝ストロースは、ハウやマナを記号学／言語学によって説明しようとする。ハウやマナは人間の精神が一定の状況に直面したときに発動される表現である。人間は「意味するもの」をたくさん持っていて、それらを自在に使うことができる。ところが「意味されるもの」は人間が自由に処理できるものではなく、いつでも理解できるようなものでもない。だから「意味するもの」と「意味されるもの」の間には、常に不適合がある。そこで人間の理解の能力を超えてしまった事象に出会ったとき、ハウやマナのようなタイプの記号すなわち「それ自身意味をもたず、したがってどんな意味でも受け入れる」ことのできるタイプの想念を動員して、事態を乗り越えようとする。「その唯一の機能は、意味するものと意味されるものとのズレを埋めることである」。どんなに聖なる威厳に満ちているように見えようと、ハウやマナは、フランス語の「あれ（truc）」とか「あれ（machin）」と同じような表現にすぎないことになる。(18)

ヴォルテールを思わせるような啓蒙主義的な宗教批判の論理で、レヴィ＝ストロースはモースの贈与論の核心部に、強烈な批判を加えた。ハウやマナの力によって贈り物の循環が起こっているのではない。それは人間の精神の無意識的構造そのものが起こすものなのだ。そしてその無意識的構造は言語と同じ構造をしている。

しかしニュートンを批判して彼の力学を「解析力学」という精密科学に作り変えた、ラプラスやラグランジェやダランベールのようなフランス啓蒙主義の思想家たちは、それによって「重力とは何か」という根本的な疑問に答えたわけではない。ガリレイと同じようにその疑問を避けることによって、彼らは科学的成功をおさめているにすぎない。レヴィ＝ストロースもまた、ハウやマナの記号学的悪魔払いに成功したからと言って、互酬性の根本的な謎に答えているわけではない。

互酬性は交換によってコミュニケーションを開く機構であるとしても、交換という「構造の奥」で働いているものの本性には、触れることができずにいる。『贈与論』のモースへの批判を含むレヴィ＝ストロースのこの論文は、図らずも一種の「構造主義宣言」とみなされて、その後の思考の規範となったものであるが、「構造主義」とされてきたものの威力と限界が、そこには同時に示されている。

レヴィ＝ストロース自身の表現を借りれば、互酬性理論はいまだそこではアインシュタインの重力理論に達していない。
そこでレヴィ＝ストロースが重力理論と互酬性理論の間に設定した対応表は、つぎのように書き換えられることになる。

重力理論	互酬性または贈与論
ケプラー	フレイザー
ガリレイ	リヴァース
ニュートン	モース
ラプラス・ラグランジェ・ダランベール（啓蒙主義）	レヴィ＝ストロース
アインシュタイン	（？）

＊　　＊

コレージュ・ド・フランス教授となったレヴィ＝ストロースの秘書を一時期務めたこともある人類学者モーリス・ゴドリエは、レヴィ＝ストロースが立ち止まった地点の先に出て行こうとした。彼は贈与の循環をつくりだすのは霊力ではないという師の見解にしたがいながらも、それをつき動かしているのは象徴体系の力ではなく、社会的なものであると考えるようになった。ゴドリエの主張の中心部分を、少し長くなるが引用してみよう。

モノはそれ自体では移動しない。モノを動かし、ある方向についで別の方向にまた他の方向にと循環させるのは、個人や集団が自分たちの間に連帯および／あるいは依存の人格的紐帯をそのたびに樹立しようとする意志である。ところで、この人格的紐帯を樹立する意志は、個人や集団の人格的意志以上のもの、人々（個人的であれ集団的であれ）の自由や意志の領野以上のものさえ表現する。……モノの中の魂や霊、モノにとり憑き、出発点へと復帰させる力の現存という信仰を全く介在させないでも、あるモノの贈与が同じモノないし等価のモノの反対贈与をひきおこす理由を今や説明できるだろう。この点ではだから、われわれはモースを離れて、彼を批判したレヴィ＝ストロースを正しいと認めよう。だがわれわれの説明は同じく、定義によって普遍的で非時間的なものにすぎない《無意識的な心的構造》の直接的な介入にも助けを借りない。というのもこの無意識的な精神構造は、われわれの誰にもどの民族にも、われわれのものと彼らのものと状況がどれほど違っていようと、常に現存し作動しているわけだから。レヴィ＝ストロースとは反対に、われわれが明らかにしたメカニズムは社会学的なものであり、与えられたモノの移動の根底に潜む現実、隠れた力は社会的なものだったのである。それは思考の無意識的、普遍的構造を直接的に開示するのではなく、間接的に、しかも一定の明確な社会構造、あらゆる社会形態に存在するわけではない社会構造を通じて開示するのだといえるだろう。[19]

ゴドリエはデュルケーム社会学の原則に立ち戻れといっているのである。デュルケームは、社会は現実的な社会以上のものを含んでいると考えた。社会のメカニズムの総体を超えた力を、社会は持っている。生産や交換や生活すべてを超えた「社会性」を、社会は生み出しているのである。それは社会メカニズム総体から区別されているので、人間はこの社会性の中に、「聖なるもの」とでも表現すべき力の源泉を感じ取っている。それゆえ与えられたモノの移動の根底に潜む現実、隠れた力とは社会的なものなのである。

ゴドリエはここで、レヴィ＝ストロースが記号学に還元・解体してしまったハウやマナに内在する力を、社会学的なものとして取り戻そうとしている。最初の贈与がおこなわれると、与えた者と受けた者の間に不均衡が生じる。二人が贈与の前には平等の立場にあったとすると、この平等性が崩れることになる。そこで最終の反対贈与がなされることによって、均衡が回復されることになる。

贈与と反対贈与の循環はこうして、「人々の地位を保全しながら依存と連帯をつくりだす」ために、社会関係を再生産しようとする社会の意志によって生ずる、とゴドリエは考えた。この社会関係を生み出すのが無意識の精神構造であるとしても、互酬性の起こるレベルでじっさいに作動しているのは、社会関係のほうである。

このようなゴドリエの思考には、一種のトートロジーが含まれている。モースが思考したように、互酬性は全体的社会事象に関わり、社会関係自体が互酬性に基礎づけられているとするならば、互酬性を基礎づけているものは社会であると言うことは、反復に陥ることになる。互酬性と一般の社会関係との間にクラス（階層）を考えたとしても、トートロジーを取り除くことはできない。ゴドリエは無意識の精神構造にすべてを帰着させ、その構造とは象徴的なものであるとするレヴィ＝ストロースとラカンの思想を批判して、構造の先に社会を見出そうとしたが、この社会なるものは構造の手前には存在しないのだ。

私はレヴィ＝ストロースが『構造人類学』で開いた道を、最後まで歩き通してみようと思う。私は、重力論と互酬性の理論の間に見出される並行性を手がかりとして、無意識の精神構造のさらに奥にまで、踏み込んでいってみることにする。互酬性の理論をアインシュタインの重力論に対応するものに作り変えることは可能であろうかという問いに、私は答えたいのである。

人間科学のアインシュタイン

物理学者のレオン・レーダーマンが『対称性』という本で詳しく論じているように[20]、アインシュタインの重力理論が展開されている「相対性理論」は、「対称性」の概念を全面的に利用して自然を考えようとした理論である。十九世紀の力学（解析力学）の視点を離れて、二十世紀以後の自然科学の領域でもっとも重要な概念となる「基本的対称性原理」をいち早く導入した視点から、自然についての人々の考えを根底から変えてしまったのが、相対性理論である。

アインシュタインの洞察は、われわれがどんなに速く光を追いかけようとしても、われわれは常に一定の速度で進む光を観測することになる。これをレーダーマンは対称性の言葉で「光速度はどの観測者にとっても不変である」と表現する。対称性とは変換にたいして不変である、という性質を表している。光を追いかける「ブースト変換」を加えても、光速度は一定であることが、実験から確証されている。

アインシュタインは特殊相対性理論を、次の二つの原理で定義した。

・相対性原理　慣性系と呼ばれる等速度運動のすべての状態は、物理現象の記述にたいして同等である。つまり同じ物理法則で表現される。
・光速度不変の原理　すべての観測者にとって、いかなる慣性系においても光速度は一定である。

第一の原理はガリレイのものと同じだが、これが新しい対称性原理である第二の原理と組み合わされると、ガリレイ変換が通用しなくなって、かわって「ローレンツ変換」が正しい自然記述をおこなうようになる。アインシュタインは空間的距離と時間的の隔たりをいっしょにした、四次元の新しい距離を考えて、これを事象間の「不変インターバル」とした。この不変インターバルは、観測者が互いにどのように運動していても、すべての観測者にとって同一でなければならない。これはきわめて強力な対称性原理である。この対称性原理を用いて、アインシュタインは自然の見方を根本から変える、特殊相対性理論をつくりあげた。

しかし特殊相対性理論は慣性系でしかなりたたず、お互いの速度が変化する加速度系では正しい自然の記述ができない、という欠点を抱えていた。とくにわれわれの生きている現実世界には重力が働いているので、慣性系か否かを判断することがきわめて難しい。重力の影響を組み込んださらなる相対性理論が必要だと彼は考えた。そこでアインシュタインはさらに拡張された対称性原理をもとにした、一般相対性理論を構築する試みに取り組んだのである。

重力のある場所でもなりたつ拡張された相対性理論は、つぎのような大胆な原理にもとづいている。

・すべての物理法則はいかなる座標系を基準にとろうとも、まったく同じ形で表現される。数学的に言い直すと、物理法則はすべて一般座標変換にたいして共変な形で書き表される。

このように表現された一般相対性原理は、最大限に拡張された時空概念の対称性原理にほかならない。ここから根本的に新しいアインシュタインの重力論が生まれてきた。物質やエネルギーがあると、その周囲の空間は歪んで曲がる。惑星はその曲がった空間の最短距離である測地線に沿って運動していく。そのため加速度が発生して、その見かけの効果によってわれわれは重力（重さ性）を感じるようになる。しかし惑星同士が牽引しあう引力が実在しているのではなく、曲がった空間を運動しているとことからつくられる見かけ上の効果によって、引力が生まれることになる。一般相対性理論のすべてが、強力な対称性の原理の要請によってつくられている。対称性の原理から重力が（見かけ上）発生すると言うこともできるだろう。このようなアインシュタインの重力理論に対応する互酬性の理論とは、どのような形式をもつことになるだろうか。

それには互酬性の原理の中に、物質界のものとは別の種類の「対称性」を見出すことである。これは一見容易な要請とも思われる。モーリス・ゴドリエの社会学的な贈与論からもうかがわれるように、もらった贈り物にお返しをさせる強制力は、贈与行為によって危うくさせられた均衡を復元しようとする、社会的な力であるとも考えられるからである。

しかしそれは顕在的レベルでの局所的な出来事であって、私たちが求めているような社会システムをも含む「全体的社会事象」を生み出しうる、構造の奥に隠れている潜在的な対称性の原理ではない。このような見かけ上の互酬性の奥に、真の対称性にもとづく互酬性の原理が隠れているに違いない。一般相対性理論において重力が見かけの上での力であるように。

それを明らかにするためには、レヴィ＝ストロースの論文「双分組織は実在するか？」に戻ってみる必要がある。レヴィ＝ストロースはそこで、双分制と三元論が変換によってお互いが移行可能であることを示した。二元的構造と三元的構造の間には「弱い対称性」が存在していて、現実世界の中での相互移行も可能である。しかし民族学者たちの観察が示すように、二元的構造と三元的構造はいくつもの不均斉の要素を含み、安定性を欠いていて、そのことを先住民たちも直観的に知っている。

したがってレヴィ＝ストロースが主張するように、このような制度の真の本性は、別のはるかに複雑な構造が表面的にゆがんであらわれたものとして理解すべきである。この「別のはるかに複雑な構造」と呼ばれるものは、二元論や三元論の構造よりはるかに強力な対称性をもつことになるだろう。そうでなければ、そこから「全体的社会事象」の諸構造が生み出されることはないであろう。しかもその別のはるかに複雑な構造は、潜在的な隠れた構造である。それが表面にゆがんで顕在化してくるときに、双分制や三元的構造のような社会組織としての形を見せるのである。

こうして私たちの前に、互酬性の真の本性をなすものが、強力な対称性の原理そのものとして取り出されることになる。しかしそれを私たちの表象能力の限界内で表現しようとしても、表面的にゆがんだ形でしかあらわすことができない。具象的には表現することができないのだ。

＊　＊

そこでトポロジーの力を借りることにする。話を二次元の閉曲面の話に限って進めようと思うが、それによって問題の本質が変わることはない。

二元論的構造（双分制）は、トポロジーで表現すると、球面またはトーラスに対応している。[21] この構造では裏と表は分離されているため、通り抜けはできず裏が表に変わることはありえないから、各表面では「方向づけ」ができる。

どこかに切り口を入れても、向かい合った頂点を自然な形で貼り合わせて同一視すればできる図形なので、裏と表がねじれてつながったりしないのである。しかしそこに、裏と表を「媒介して」つなぐ第三項があらわれると、三元論的構造に移行できるようになる。

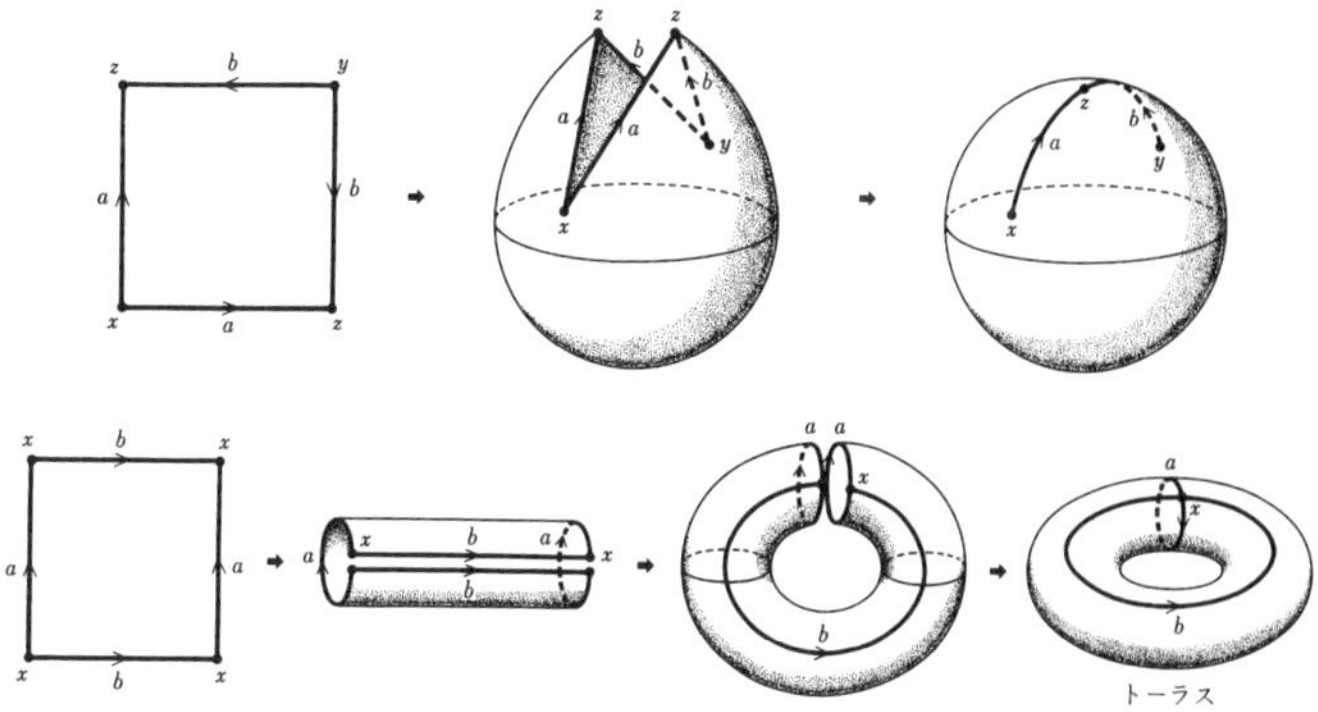

球面〔上〕
トーラス〔下〕（瀬山士郎『トポロジー：柔らかい幾何学』日本評論社 1988年）

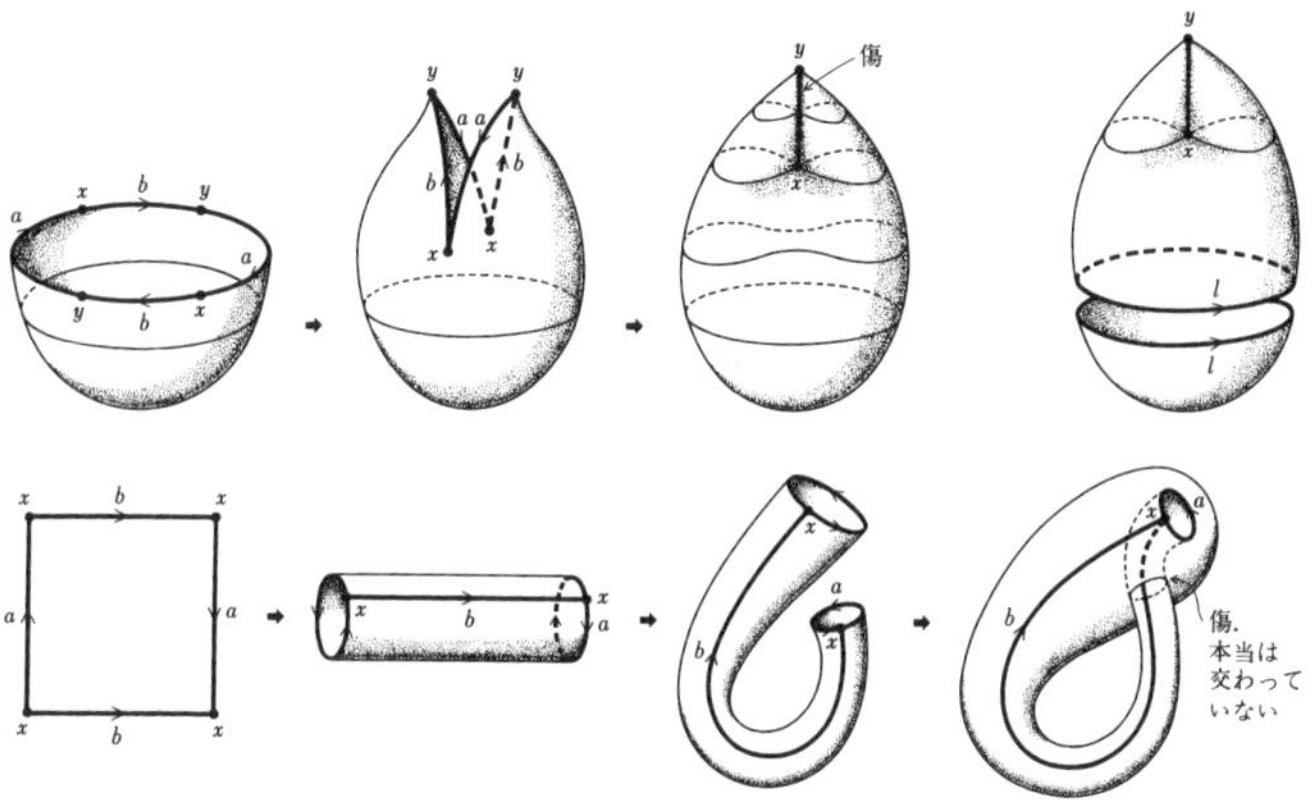

射影平面〔上〕
クライン管〔下〕（同上）

裏と表をつないで一つの表面にするには、切れ目を入れた表面で向かい合っている辺をねじって、自己交叉を起こさせることが必要である。そこでつくられるのが、三元論的構造に対応する「射影平面」と「クライン管」の構造である。[22]

このトポロジーにはねじれが含まれていて、これを三次元空間で実現するにはどうしても平面に傷をつけなければならない。これによって、表と裏はひとつながりになって、「方向づけ」ができなくなる。つまり三元論的構造では事象をはっきりと白と黒に分離できなくなり（非分離）、両義性（あいまい性）の領域が発生することになる。

射影平面やクライン管の構造をした三元論的構造のほうが、より対称性が高いからである（表と裏の見分けがつかない）。この意味で、二元論的構造よりも三元論的構造のほうが、より根源的であると言える。それというのも三元論的構造を二元論的構造に移行させるのは簡単だが、逆をおこなうためには、表面に自己交叉の傷をつけなければならないからである。二元論的構造があるところには、かならずその奥に三元論的構造が隠れている。二元論的構造では心の表面のことしか表現できないので、人間は三元論的構造に触れて変容した文化の諸形態をつくって、魂の希求に応えようとしてきたのである。レヴィ＝ストロースが「双分組織は実在するか？」で示したように、人間の文化はこの二つのトポロジーの間を行ったり来たりできる、さまざまな表現を生み出してきた。

そうした表現の機構について、私は『対称性人類学』という著作で、多くの実例をあげて、詳しい説明をしておいた。[23]

たとえば、神話はクライン管の構造をしている。そのことを利用して、神話は複雑な変換をやすやすとこなしていくのだ。内側と外側、表と裏をひっくり返していくクライン管の構造を使って、神話は話の発端部にあった状況にねじれを加えて、万事の価値が反転していく終結部をつくりだしていくのだ。このことを彼の「神話の公式」は表現しようとしている。状況にねじれを加えて、価値や機能の反転を起こさせるのだ。

このクライン管のねじれ構造がなければ、物語は球面あるいはトーラスの上で飛躍も矛盾なく、穏やかに進行していくことになるだろうが、それではただの言説である。神話はねじれをつくりだすことの構造を用いて、世界の様相を一転させていく。つまり、二元論的構造では起こり得なかった価値転換が、三元論的構造の上ではやすやすと実現されていくことになる。

精神分析学も射影平面やクライン管のイメージを利用して、心の解明をおこなってきた。フロイトの初期の研究では、夢や洒落が重要な役目を果たしてきた。夢にあらわれるイメージの多くが、無意識の三元論的構造から養分を得ている。洒落では、二元論的な意識によって分離されていた意味と意味が、音が似ているという理由で重ね合わされ、二つの意味領域が分離されなくなってしまう。音の類似性が意味の領域で対称性を発生させたのである。二元論的構造がこのとき三元論的構造に滑り込んでいく。意味の領域に対称性が回復されたことで、笑いや喜びが生まれてくる。

贈与の現場でも、三元論的トポロジーの介入が起こっている。ここでは対称性の原理は、まず「贈り物」という物質財を介して、現実世界に顕在化する。それがパートナーとなるべき相手に受け取ら

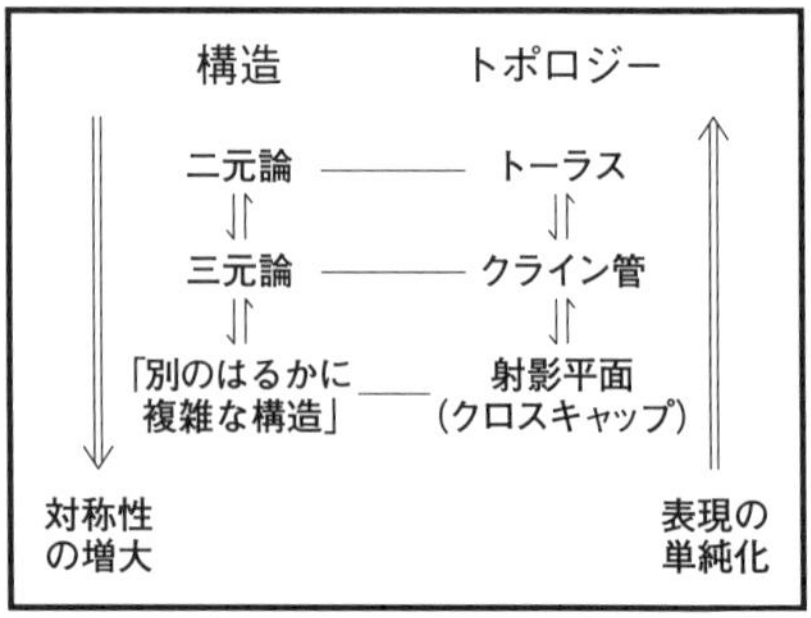

構造とトポロジーの対応（実現可能な社会構造と可視化可能なトポロジーの関係）

れたとき、対称性の原理は同じ価値をもった品物を「お返し」として、最初の送り主へと送る。この品物どうしの交換が、主体間に（見かけ上の）お互いを引きつけ合う「力」を発生させたように思われる。

　重力の発生を「重力子（グラヴィトン）」の交換によって説明する、最近の量子論的重力理論の考えをここに付け加えることもできる。もうここまでくれば、音楽や絵画に同じような三元論的構造が関わっていることは、説明するまでもなかろう。音楽や絵画は、最初から三元論的構造だけを土台にして組み立てられている表現である。そのために音楽や絵画の「意味」は、（二元論的な）言説で表現することができないようになっている。すべての芸術がそういうつくりになっている。

　こうした理論や表現によって表象可能なトポロジーのさらに奥に、「別のはるかに複雑な構造」をした「構造の奥」たる互酬性の本性は潜んでいるのである。それは高次元な対称性としてできた実体であり、そこに含まれる対称性が破れていくことによって、三元論的構造が生まれ、さらにそこから二元論的構造が生まれ出て、現実の社会をつくりなす諸機関が形成されていく。構造の奥にあるもの、それは対称性の原理そのものである。重力理論におけるアインシュタインの相対性理論に照応する互酬性の理論は、こうして物質界のものと同じ「対称性」の概念に基礎付けられることになる。

対称性のほうへ

人間の心は長い進化の過程の中で、形態進化の作用をとおして、この宇宙の片隅のようなところに、非常に限定的に現れてきたものである。それは自然の中から出現したと、言い換えることもできる。じっさい脳と神経組織は通常の細胞からつくられて、人間の心をつくる根本原理の一つである「記憶」の原理を生み出したが、それとても生物学的過程の一部分である事実に変わりはない。

生物学者のG・M・エーデルマンはこの記憶の原理と対称性の原理の二つが、心の究極の起源とかかわっているにちがいない、と推論している。対称性はこれまで物質界の根本を支えているもっとも基本的な原理であると考えられてきたが、それが心の働きを奥深いところから支え制御していると考えると、私たちが見てきたように、人間の心をめぐる多くの重要な謎が理解できるようになる。

心の理論からすれば、疑いのない知識というものはないが、そのこと自体は過去三世紀の科学の成功の歴史を見れば、悲観すべきことではない。もし現在の成果が科学の将来を予測させるものならば、つぎの世紀には大いなる総合を期待できる。しかし「万物の理論」は明らかに心の理論と観察者の理論との両方を含む必要がある。物理学と神経科学は対称と記憶の原理の関係の、より完全な理解に統一されるにちがいない。(24)

人間をめぐるさまざまな科学の中でも、互酬性の理論こそは、対称性と記憶の原理の根本的な結合を明らかに示しているものにほかならない。それは物質界を支配している原理と心的構造の原理の両方で、きわめてよく似た、強力な働きをおこなっている。二つの原理をつないでいるまだ見出されていない「隠れた輪（リング）」は確実に存在している。レヴィ＝ストロースの示した重力理論と互酬性の理論との興味深い並行関係には、おそらくこの「隠れた輪」の働きが関与しているに違いない。互酬性はまた社会の起源にも深く関係している。人間の心に互酬性の原理が埋め込まれていることによって、人と人との結びつき、すなわち社会なるものがつくられるのだ。そこには生命過程と物質過程の根本をなしている、対称性の原理が大きな働きをなしている。

つぎのように書くとき、レヴィ＝ストロースはこのような「隠れた輪」のことを考えている。

構造主義は人間科学に、それが以前にもっていた主張とは比べられないほどに強力な認識論的モデルを与えることになる。構造主義は、物事の背後に、知識のまなざしのもとに平板化され秩序なく散乱した事象の単なる記述が表わしえないようなまとまった統一性を発見するのである……究極的な性格は依然として理解できないかもしれないが、この一時的あるいは決定的な不透明さは、以前のようにその現象の解釈の妨げとはならなくなることをしめし、確認する……構造主義は人間を自然に再統合する。[25]

人間と自然の再統合という構造主義の夢が実現されるためには、その基礎に対称性の原理を据える必要がある。自然現象の奥に、自然科学者は多様な形態をとる対称性の原理を見出してきたが、人間科学もその範にしたがって、互酬性の原理の上に立つ「全体的社会事象」の中に、同じ「対称性」の名前で呼ばれる一原理を据えるとき、これまで見えてこなかった新しい統一性があらわれてくる。そのときいままで言語学のモデルをとおして理解されてきた事柄の多くが、別の相貌を見せるようになるだろう。対称性の原理とは、構造の奥であり、未来なのである。

＊　＊

人類学者としてのレヴィ゠ストロースの業績は、一九四四年の「互酬と位階 Reciprocity and Hierarchy」という論文で始まった。[26] この論文で彼は早くも双分制による社会組織が内包する不均斉や矛盾を問題とした。二元論的システムはそれ自身で完結することができないために、不安定な性質を持ち続けることになる。そのときすでに彼は、二元論的構造の奥に潜んでいるものとの弁証法を予感していた。彼の構造主義はいささかも静的でない。双分制をめぐる問題意識を、彼は終生保ち続けた。じっさいそれは最晩年の著作である『大山猫の物語』まで持ち越されている。「南アメリカの諸民族の広大な全体においては、〈形而上学的な諸理念と密接に対応した〉ひとつの社会組織それ自体もまた、項のあいだにある動的不均衡のモデルにもとづいて概念化されると思われる……わたしたちはこうして再び、本書を通じて展開してきたテーマへと戻ってくる」と、そこには述べられている。

天文学との類比で考えられた互酬性の理論は、人間科学にとっての「特異点」なのである。その特異点の「こちら側」では、二元論や三元論などの「構造」をめぐる諸問題が繰り広げられる。しかしその構造を語りうるためには、互酬性の理論が突破する特異点が必要となる。

構造分析というこの強力な手段が、数少ない機会をとらえて、間近にとらえたわたしたちの世界の極限をどうにか突破し、天体物理学者の語彙を借りて、特異点《サンギュラリテ》とでも呼べそうなものを、神話の天空の最遠点に判別するということがあってもよいのではなかろうか。電波望遠鏡が明かす謎の物体が、初期の天文学者が裸眼で観察した天体とは無関係であるように、それらの特異点も、かつての比較神話学がそれで満足した表層的な類似の数々とはもはや何の関連ももたないかもしれない。(27)

現代の天体物理学はきわめて高度なトポロジー数学を用いて、その特異点の中身を調べている最中である。それに比べれば私たちの人間科学が心の構造を調べるのに用いているトポロジーはあまりに素朴なものでしかなく、しかもそのモデルを提供してくれているのは、崩壊直前にあった双分制のような先住民社会からもたらされた、いわば人類最後の情報なのである。しかしその情報から、人間科学は心的宇宙の特異点の構造に踏み込んで行くことも可能である。それをもとにして、人類は行き先のまったく見えなくなってしまった未来への航行図を描いて行くことができるかも知れない。

第四章

仮面の道の彼方へ

I

地震多発地帯

日本列島がしばしば大きな地震や津波に襲われるのは、太平洋の彼方から押し寄せてくる海洋プレートが日本列島の下に沈み込んで、陸側のプレートとの摩擦を引き起こしているからである。日本列島に押し寄せている海洋プレートは、太平洋をはさんでその対岸にあるアメリカ大陸にも押し寄せている。地殻の下の熱いマグマはたえまない上昇と下降の対流運動を起こし、地表に近づいては冷えて固くなり、海洋プレートをたえず拡大させている。そのために、太平洋の両岸でよく似たプレートの押し合いが起こり、地震が多発することになる。この事実がこの論文では、のちのち重要な意味をもつことになる。

日本列島の太平洋をはさんだ対岸といえば、アメリカ大陸北西海岸がそれにあたる。そこのヴァンクーヴァー島を中心としたブリティッシュ・コロンビアでは、日本のケースに酷似した巨大地震津波

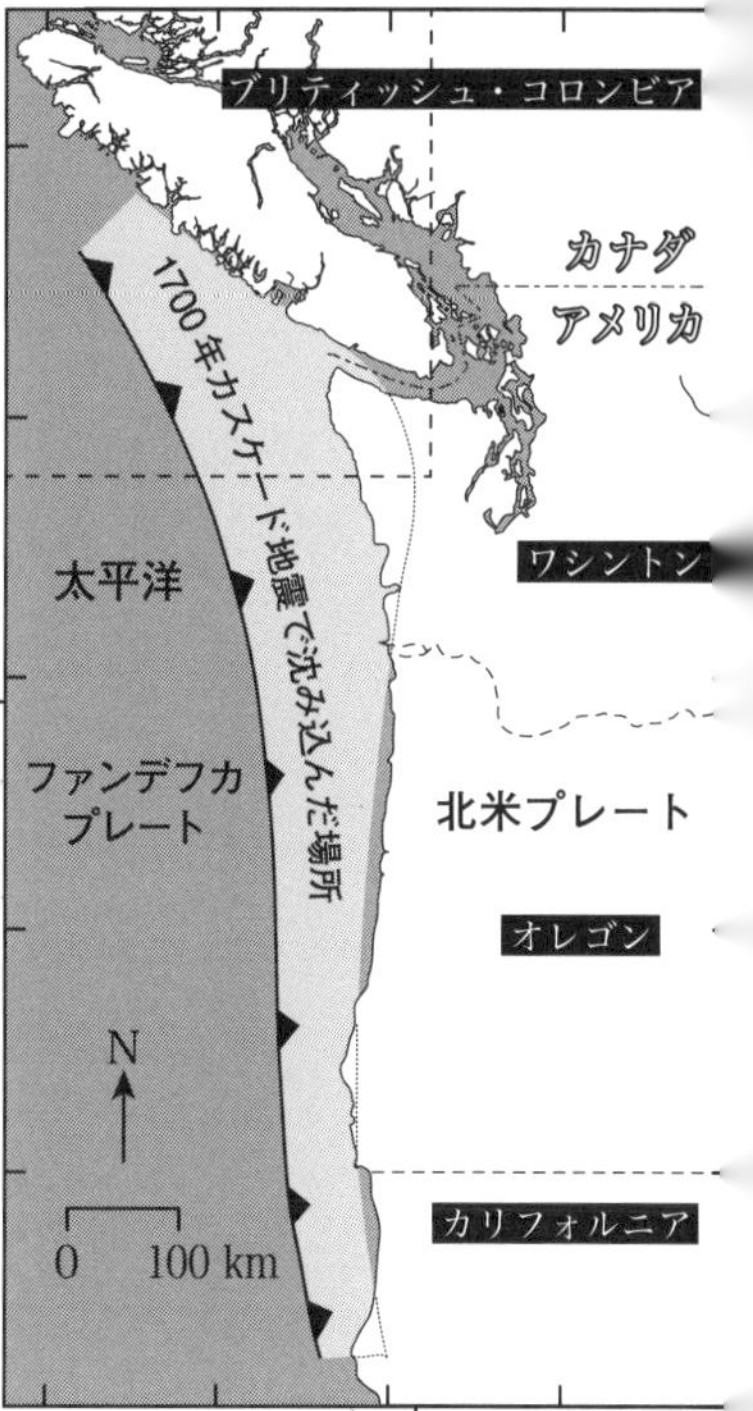

北米海岸の1700年カスケード地震で沈み込んだ場所とプレート（L. Piccardi and W. B. Masse *Myth and Geology* The Geological Society London 2007）

北米北西海岸部部族分布

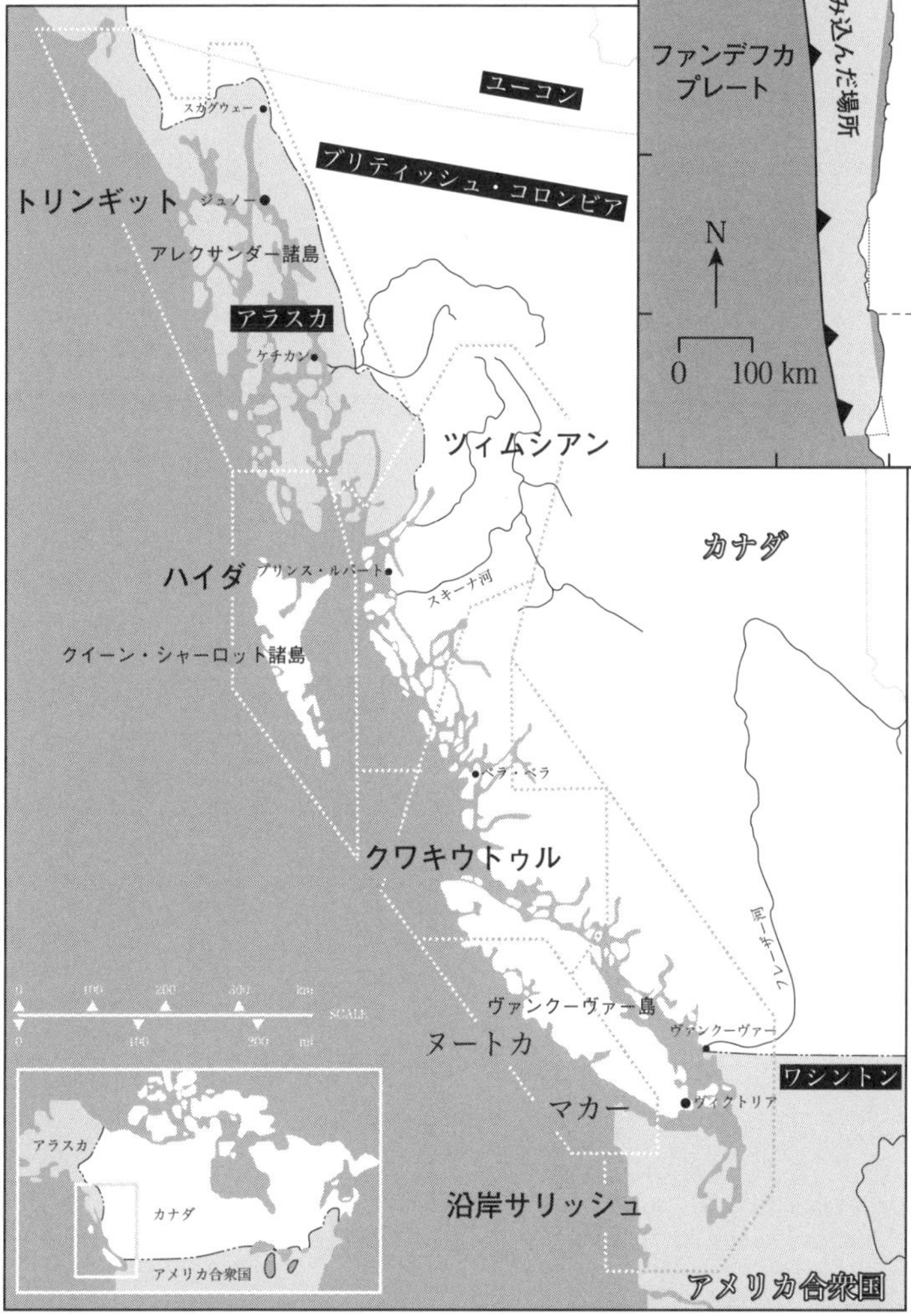

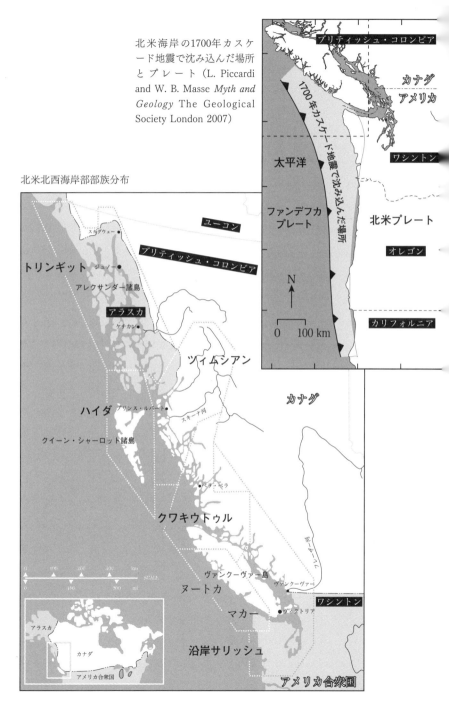

がなんども起こっている。この地帯の沖合では、ファンデフカと呼ばれる海洋プレートが、陸性の北米プレートの下に沈み込みを起こしているために、ヴァンクーヴァー島を中心に大きな地震がなんども起きている。またその南では巨大な横ずれ断層（サンアンドレアス断層）が形成され、しかもこの断層は陸上を走っているので、そこも有数の地震地帯になっている。

この地帯には、五〇〇〇年以上も前から、人間が住んでいた。最初にやってきたのはアジア大陸からの移住者たちで、そのあとも何波にもわたって移住者の群が、ここの土地に入ってきた。複雑に入り組んだフィヨルド状の海岸線によって縁取られ、多くの河川が海に流れ込んでいるそこは、豊かな漁場を形成していた。森には多くの動物が生息し、甘いベリー類も豊富だった。そのために、移住の旅をストップさせて、ここに住み着く人々が多かった。

そのためここはアメリカ先住民の世界の中でも、きわめて人口豊かな地帯となってきた。人口が多いばかりでなく、経済的にもきわめて豊かな地帯をなしてきた。そのことは古くからアメリカ大陸に住む他の先住民にもよく知られていた。岸辺から数十キロメートル沖合で、ファンデフカプレートと北米プレートとがぶつかりあい、断層の横ずれによって地震の多発するこの地帯には、南のサリッシュ族から北のクワキウトゥル族にいたるまで、数多くの先住民諸族がたがいに隣りあいながら、何十世代にもわたって住み着き、きわめて豊かな文化的伝統を形成してきた。

十九世紀にそこを訪れた旅行者はおしなべて、住民たちの驚くべき造形芸術の才能に圧倒された。家々のファサードに描かれているのは家紋をあらわす巨大な壁絵、その脇には想像力豊かに変形され抽象化された神話的動物たちを彫り出した記念柱、家の中に入れば個性豊かに造形された見事な家具類。そこにはシュールレアリズムやキュビズムをはるかに先取りした、第一級の芸術作品が、所狭しと並べられていた。

その様子をレヴィ＝ストロースはつぎのように描写している。

ともあれ十九世紀末にはまだ、アラスカ湾からヴァンクーヴァーの南まで、大陸沿岸および島々には、村落は数珠のように連なっていた。北西岸の部族は、その最盛期には十万から十五万の人口を数えた。この数は、新大陸のこの辺境において、このような力強い表現力やそのゆるぎない技法が、人口密度一平方キロ当り僅か〇・六人、地域によっては〇・一人という住民によって磨き上げられたことを考えれば、微々たるものと言えよう。北部には、トリンギット族の鋭い詩的な想像力にみちた彫刻や凝った装飾品がある。南下すれば、ハイダ族と、その力強い記念碑的作品がある。ハイダ族に比肩されるツィムシアン族は、恐らくより人間味のある感受性の持ち主である。(1)

どの部族も近隣の部族の所有する神話や儀礼や親族組織について、詳しい知識をもっていて、影響を及ぼしながら、それぞれの伝統をかたちづくってきた。他からの影響は、文化を複雑に豊かに育てる。アメリカ人類学の父ともいうべきフランツ・ボアズは、十九世紀末にこの地帯の人類学調査を本格的に始めるとすぐに、そこが先住民研究の宝物庫であることに気づいたのである。

ボアズがこの地帯の先住民のもとを訪れた当時、すでに伝統文化は衰退の一途をたどっていた。ボアズと彼の協力者たちは、時間と競争するかのように、神話や儀礼や社会構造などの伝統文化に関わる情報の、懸命な採集を続けた。そのおかげで、私たちは今日、アメリカ大陸の他のどこの地域にもまして豊富な、先住民文化についての情報を、ここから学ぶことができるようになった。またボアズらの研究を知ったマルセル・モースなどのヨーロッパの学者たちは、その資料に基づいて分類原理や社会構造や神話に関する、新しい理論を構築することができた。

ブリティッシュ・コロンビアのレヴィ゠ストロース

一九七四年、レヴィ゠ストロースは、このブリティッシュ・コロンビアに長期間にわたる調査旅行をおこなった。『神話論理』の四巻目である『裸の人』を書き上げた後、彼は長年の思いを果たすかのように、この調査の旅に出発している。長男の運転する四輪駆動ジープに同乗して、レヴィ゠ストロース夫妻はこの地帯の人類学的な重要スポットをくまなく巡る旅をおこなった。彼がアマゾンのジャングルを最後にあとにしたのは、もう四〇年近くも前のことである。それ以後、彼は本格的な海外でのフィールド調査をおこなっていない。それだけにこの旅には、ひとしお感慨深いものがあったにちがいない。

レヴィ＝ストロースの学問は、フランス社会学からの影響以上に、アメリカ人類学に多くを負っている。『親族の基本構造』のような作品は、親族研究が急速に発達しつつあったアメリカに滞在していたからこそ、可能になった仕事である。また神話研究に集中するようになってからも、アメリカ人類学がスミソニアン博物館などに蓄積してきた先住民神話のアーカイブは、彼の研究にとってもっとも重要な情報源となってきた。フランツ・ボアズこそが、そのアメリカ人類学の伝統をつくりあげた人物なのである。(2)

レヴィ＝ストロースは研究の初期の頃から、ボアズの集めた膨大な資料にていねいに目を通して、それを創造的に活用することをめざしていた。まずそれは、のちに巨大な規模に発展することになる神話研究の初期段階で書かれた、『アスディワル武勲詩』という画期的な論文に結実する。(3) この論文ではヴァンクーヴァー島からさらに北に暮らす、ツィムシアン族の神話が取り上げられている。そこにはフレーザー河という大河が流れており、この大河の上流から下流にかけての広大な土地を舞台に、アスディワルという男を主人公とした神話が語られている。

フランツ・ボアズ（wiki PD）

アスディワルの神話は、ボアズの出版した『ツィムシアン神話学』『ツィムシアン文書』などに、さりげなく載せられている一編である。ツィムシアン族の人々は、その神話をとりたてて特別なものとは考えていない様子だが、レヴィ＝ストロースはその神話に、他の人が思いもかけなかったような重要な意義が秘められていることに、気づいたのである。

レヴィ＝ストロースは一九五〇年代の半ばから、高等研究院（オートゼチュード）での講義とゼミナールを舞台にして、本格的な神話研究に乗り出していた。初期の研究では、神話をつくりだしている意味の構造の内部のつくりに、関心を集中させた。神話がどのようにして素材を組み合わせて統一体をつくっているか、またその神話の統一体が他の神話に変形されていくときに、各部分はどんな変化を被っていくかという変換規則などが、明らかにされていった。

そして五〇年代の後半、彼はボアズの採集したあの宝物庫の扉を押し開けて、その中に分け入ったのである。ボアズは南のサリッシュ族から北部のトリンギット族やハイダ族、ツィムシアン族にいたる、北西海岸の先住民諸族をくまなく調査していた。そこでは、神話、儀礼、社会構造などの一つの大きなまとまりが、一つのまとまりをもつ地形と風土の中に、すっぽり収まるように残存していた。ボアズはそれらの多様な要素を、望み通りというわけにはいかなかったにせよ、まるごとすくい上げようという努力を重ねた。そういうボアズ資料を分析の素材に取り上げることで、レヴィ＝ストロースは彼の神話研究を大きく前進させようとした。

『アスディワル武勲詩』において、神話は「地理的、経済的、社会的、宇宙論的」な複数の層の重なり合いとして、とらえられるようになった。これによってそれまで内部の構造のうちに閉じこもっていた神話は、現実の地形、現実の経済、現実の社会や宇宙へと開かれていくことになった。とりわけこの神話では、ナス河やスキーナ河の川べりを上流へ向かったり下流へ戻ってきたりする主人公の行動の動きが、まるでロードムービーのように描き出されている。神話は北西海岸のこの地域の地形と

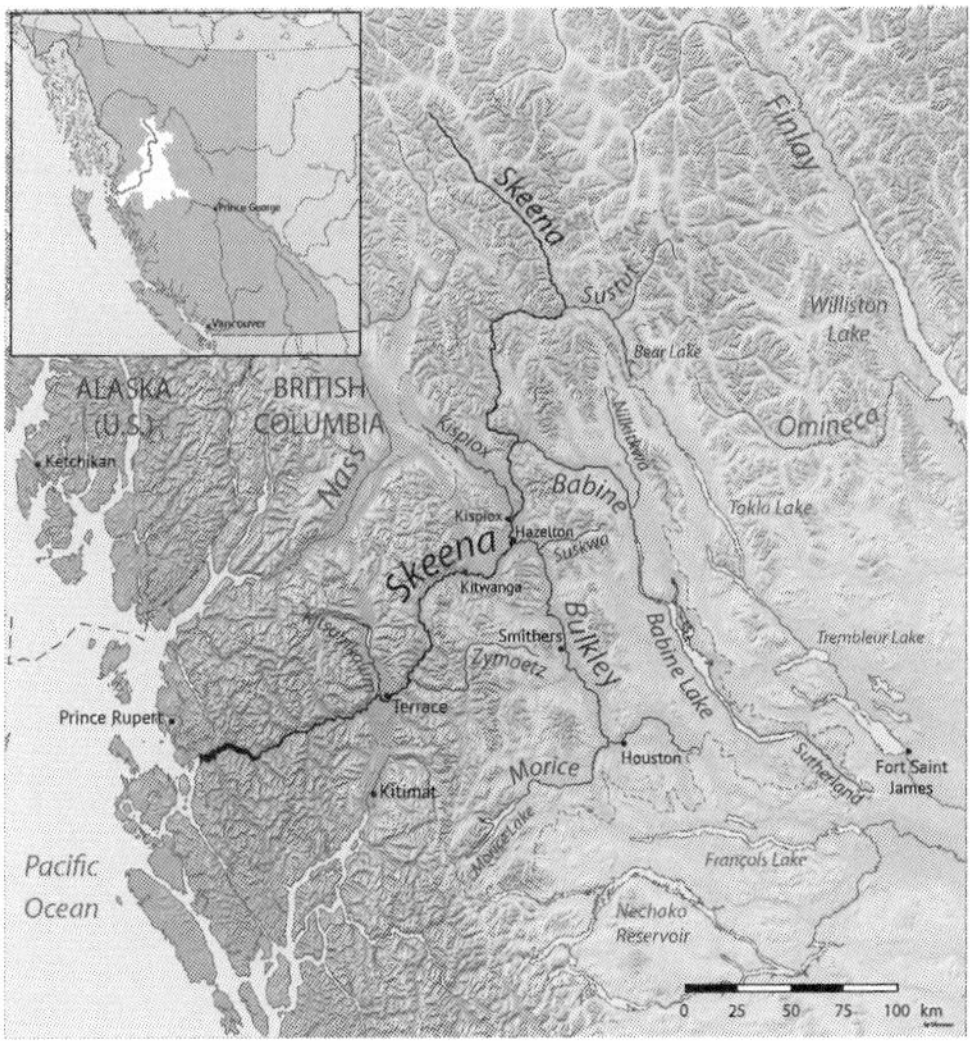

スキーナ河流域地図（Shannon1がSRTM data for topographyを使って作成）

一体となって展開していく。その地形の移り変わりが、いちいち神話の内部に変化をつくりだしていく。その過程を、レヴィ＝ストロースは克明に分析していった[3]。

この分析をおこなっている最中、レヴィ＝ストロースの心の中に起こっていたことを、私はしばしば想像してみることがあった。この地帯を描いた大きな地図を前にしながら、彼はアスディワルといっしょに神話の旅をおこなうのである。河口部の海辺でサケ漁をおこなったアスディワルは、河を遡って森にたどり着き、そこで森の猟師となって大型動物を追う。あたりの景色がつぎつぎに変化していく。すると神話の心的景観も構造を変えていく。『アスディワル武勲詩』を書き進めながら、レヴィ＝ストロースは神話の主人公たちがたどった北西海岸の風景を、色鮮やかな想像の中で旅していた。この時の想像は、のちに私自身が『アースダイバー』を書くときに、大いに役立った。

十年余をかけて『神話論理』を書き上げることのできた彼は、ボアズ以来のその約束の土地に、いまようやくたどり着いたのである。長年にわたって頭に思い描かれていた神話が、現実の風景の中で新しい生命を得て、ふたたび動き始めようとしていた。この旅の体験の中から、『仮面の道』という、神話をめぐる新しい本が書かれることになる。

カミナリ鳥・クジラ・ナマズ

北西海岸の先住民の間では、地震と津波の発生の原因を、神話やダンスや歌によってつぎのように説明されていた。地震は「カミナリ鳥（サンダーバード）」と巨大な「クジラ」の戦いによって、引き起こされるのである。カミナリ鳥は大きな羽根を羽ばたかせるだけで、雷を発生させることができる。またその背中には水をたたえた湖を載せていて、雷鳴とともに地上に雨を降らす。カミナリ鳥はときには双頭の鷲の姿で描かれる。

いっぽう海中には巨大なクジラが住んでいる。この世界とそこに生きるすべての生き物は、このクジラの背に載せられている。ときおり、カミナリ鳥がこのクジラを攻撃する。鋭いくちばしで、ぷるぷる震えるクジラの背中を突くのである。そのたびにクジラは水に潜って、カミナリ鳥を海中深くに引きずり込もうとする。このとき（クジラの背中に載っている）地上の世界は激しく動揺し、海は高く波立って、津波に襲われるのである。[4]

このカミナリ鳥と巨鯨の姿は、かつてブリティッシュ・コロンビアのいたるところに見ることができた。人々はその神話の形象を家の門扉《ファサード》に描いたり、巨大インスタレーションに仕立てて地震の記念碑としたり、カミナリ鳥やクジラを象った仮面を着けて、祭礼の日に両者の戦いを再現するダンスを踊ったりした。

地震の原因を語るこの神話のイメージは、日本人にはきわめて親しいものである。古くから、日本列島そのものが盤石な地盤の上に立っていないという感覚から、それが巨大な龍蛇やクジラの背中に載っているという神話的イメージが、日本人の間にも抱かれてきたからである。[5]

カミナリ鳥とクジラの戦い（1902-03 *Myth and Geology*）

カミナリ鳥とクジラの戦い（ポートアルバニーの儀式用の幕 *Myth and Geology*）

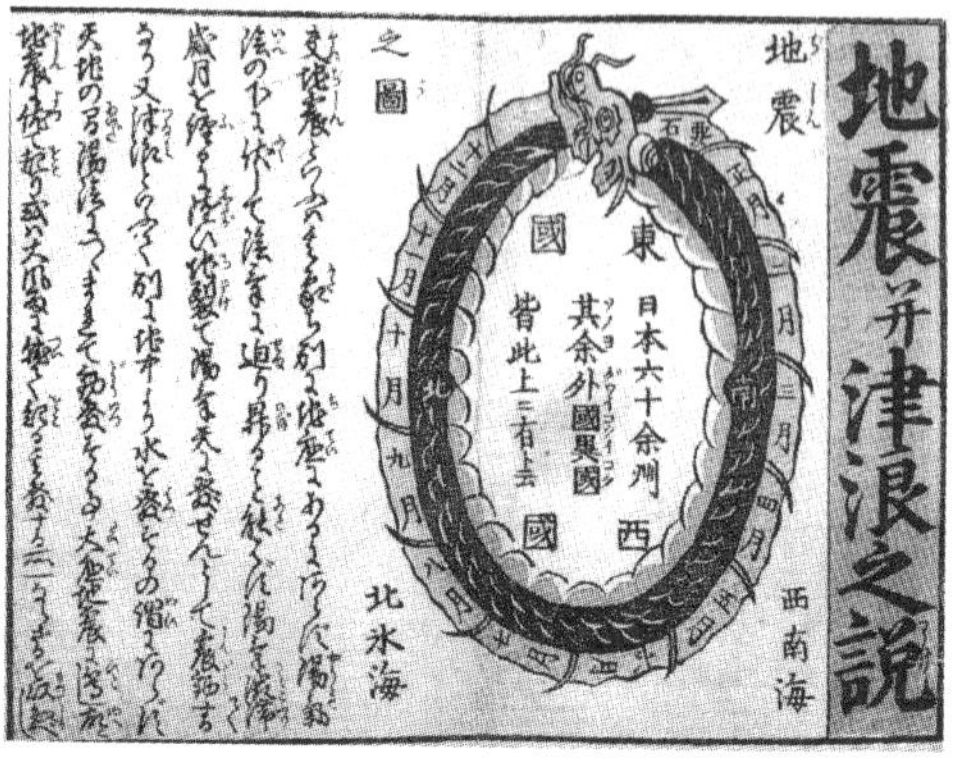

龍蛇に巻きつかれた日本列島（17世紀半ば *Myth and Geology*）

このイメージが絵に描かれるようになったのは室町時代以降であるが、伝承そのものは、はるか太古から日本人に抱かれてきたものである。火山噴火や地震は山の神である大山祇神《おおやまつみのかみ》に結びついて考えられてきたが、その山の神の姿はしばしば巨大な龍蛇として想像されてきた。とぐろを巻いたその巨龍が、日本列島をとぐろに巻き込んでいる。巨龍がうねっていくと、地面が動揺して、地震が起こるのである。

龍蛇に仮託されたこの中世的イメージは、近世になると巨大なクジラやナマズのイメージに変形されてくる。ぬるぬると滑りやすいクジラ＝ナマズの体の上に載った日本列島は、神話の動物たちが体を揺するたびに、ぐらぐらと揺れる。その結果は地表では地震となってあらわれる。

こうしてよく知られているように、幕末の江戸を安政大地震が襲ったときは、有名な「鯰絵」が大量に江戸の市中に出回ることとなった。鯰絵では、地震を引き起こした張本人である、大ナマズやクジラの神話的形姿が描かれる。いつもはナマズ＝クジラの身震いを、鹿島神宮の神であるタケミカヅチ（武甕槌）が剣で押さえつけている。タケミカヅチは雷と鉄剣の神である。北米北西海岸のカミナリ鳥は、海中のクジラを挑発して地震を誘発しようとしているが、日本列島ではカミナリと剣の神が、クジラの体の動揺を押さえて、地震を防いでいる。

太平洋のこちらとあちらでは、地震を誘発させるカミナリ鳥から地震を防ぐ雷神への機能の反転が起こっている。しかし両者の神話としての構造はほぼ同一である。私たちはここから思索を出発させることもできるが、この話題はあとになるまで取っておくことにしよう。ここでは太平洋をはさんだ二つの地震地帯で、きわめてよく似た神話的思考がおこなわれていた、という事実を確認できれば、それで十分である。

スワイフエ仮面

ブリティッシュ・コロンビアの調査を続けながら、しかしレヴィ＝ストロースが注目していたのは、もっと別の対象だった。カミナリ鳥や巨大クジラが地震を起こす張本人だという、とてつもなく古い出自を持つと考えられる古拙な神話のかたわらで、この地域には別の種類の地震誘発者についての神話が語られていた。土地の人たちは口をそろえて「そちらの神話は新しい」と語っているが、レヴィ＝ストロースはそちらの神話のほうに強い関心を持った。そこによく発達した繊細微妙な神話的思考の活動の跡を、見出すことができると確信したからである。それは「スワイフエ Sxwayxwey」という仮面の神をめぐる神話群である。(6)

この地域の南部に住むサリッシュ族（サリッシュ語族に属している言語を使う一二ほどの部族）の間では、さまざまに造形表現されたスワイフエ仮面が登場してくる。部族の有力者の家でおこなわれる「ポトラッチ」の儀礼の祭りの庭に、それは登場する。飛び出た眼球と垂れ下がった舌に大きな特徴をもつ異様な仮面を着け、全身を白い羽根衣装で覆ったダンサーは、手に貝がらで作ったガラガラ楽器を騒々しくならしながらあらわれ、激しい身振りで踊り出すのである。

この激しい身振りのダンスとガラガラ楽器のたてる騒音が、地震と竜巻と雷鳴を伴う嵐を引き起こすと言われる。地震のとき大地は鳴動する。このとき大地は踊るスワイフエ神のように、身体を震わせて、ガラガラという大騒音とともに崩れ落ちる。地震は地上の事物をシャッフルして配置を変えてしまうが、ときには富者を貧者に落ちぶらせて、社会の富の配分まで変えてしまうことがある。そういう変化の時を、スワイフエ仮面はつくりだすのだ。

そうしてみるとなぜこの仮面の神が、ポトラッチに登場してくるのか、理由が見えてくる。ポトラッチでは有力者が自分の威信とプライドをかけて、ときにはとても返済できそうにもない多額の借財までして、祭りの場に集まったすべての人々に高価な贈り物を配る。この贈与儀礼によって、富んだ者は豊かで貧しい者にはわずかしか与えられないという、それまでの富の配分に揺さぶりがかけられる。ポトラッチでは贈り物が賑やかに、激しく、渦を巻くように、人々の間を移動するが、それはこの社会の人々に、社会的・経済的次元における地震を連想させるのである。

スワイフエ仮面はポトラッチと深く結びついて考えられている。そのことは、この仮面が知られていない南部のピュジェット海峡地域では、スワイフエとほとんど同じ「スクウェクェ」という言葉で、ポトラッチが呼ばれている。地震、竜巻、雷雨、スワイフエ仮面、ポトラッチの間に、この地帯の人々は共通性を見出してきた。いずれも世界の変動に深く関わっていると思われる。

サリッシュ族のポトラッチに登場する、このスワイフエ仮面の特異な造形が、レヴィ＝ストロースの美学を強く刺激した。スワイフエ仮面の装束を詳しく観察してみよう(7)。

木彫でできた仮面は、人間の顔よりもはるかに大きくまた重い。仮面の下部は鳥の硬い羽根か刺繡で放射状の襟飾りが付けられていて、着装者の顔をすっぽり覆い隠している。ダンサーは、全身を白い布製の衣装で覆っている。仮面はと見ると、シリンダー状になった眼が大きく突き出していて、見るものを驚かせる。

仮面の下半分はすぼまっていて、垂れ下がった下顎からは異様に長い舌が飛び出している。手には、板屋貝《ペクテン》の貝殻を、木の輪に通してつくった「ガラガラ」楽器が握られていて、踊るたびに賑やかな騒音をたてる。頭頂部には二羽ないし三羽の鳥が載っている。この鳥のことを、地域によっては、地震を引き起こす双頭の鷲の化身であるとも言っている。

スワイフエ仮面の起源を説明する神話は、二種類に大別される。仮面が天上界からもたらされたとするヴァンクーヴァー島系の神話と、水中から引き上げられたとする大陸系の神話がそれである。レヴィ゠ストロースは地域伝承と彼自身の分析にしたがって、この仮面儀礼の発祥を大陸側のフレーザー河の河口部に考えているので、よりオーソドックスなのは大陸系神話のほうである。

大陸系のフレーザー河中下流域では、スワイフエ仮面の起源を水界に求めている。昔あるところに、レプラを患う若者がいた。体から悪臭がして、近親の者も彼を避けるようになった。絶望した若者は自殺しようと思い、湖に身を投げた。湖底に沈んでいくと、そこに水鳥のアビに守られた家にたどりついた。その家の住民は何かの病気に苦しんでいた。住民は若者の病を治してくれた。彼もお返しに住民の病気を治療してやることができた。若者はその家の娘と結婚した。そのとき彼は生まれて初めて、スワイフエ仮面とガラガラ楽器とダンサーの衣装を、目の当たりにしたのである。いろいろな動物や鮭が彼を助けて、町まで帰してくれた。

そののち若者は妹を連れて、自殺を図った湖へ連れて行き、そこに釣り糸を垂れさせた。彼女は水の精霊を釣り上げた。水の精霊はスワイフエ仮面とガラガラ楽器を投げ捨てると、糸を切って湖底深

スワイフエ仮面（Claude Lévi-Strauss *The Way of the Masks* University of Washington Press 1988）

くへと逃げて行った。若者と妹はこの宝物を籠に入れて、村に持って帰った。これがスワイフエ仮面の起源である。

この仮面の儀礼をおこなっている村々は、南のフレーザー河河口部から北部のヴァンクーヴァー島まで、まるで数珠のようにつながって隣り合って生活している。おたがいが競争的な意識を持って生活しているから、この仮面儀礼に関しても、神話はお互いを意識してさまざまな変形をおこなっている。レヴィ＝ストロースはそれらの変形神話群をつぎつぎと分析していくのだが、私たちの研究目的のためには、もっと大雑把な情報で事足りる。

スワイフエ仮面の南部系のオーソドックスな神話群では、この仮面の水界との結びつきと、兄妹の近親相姦を思わせる緊密な関係が、もっとも重要な要素となっている。主人公の若者が病に冒されているのは、彼を家の中に閉じ込めて、他の家の娘との結婚を許さないための設定である。絶望した彼は湖に身を投げることによって、人間世界の外へ出て行き、そこで異部族の妻を得ることができた。結婚がこの若者に可能になったとき、スワイフエ仮面が突然現れてくるが、若者は一人で元の世界に戻ることになる。

家に戻ることのできた若者は、あいかわらず結婚に対する嫌悪感を抱いていたが、その気持ちは妹も同じであった。二人はあいかわらず仲がよく、妹は結婚などしたくないと考えていた。その状況が水の精霊の土産ともいうべきスワイフエ仮面を獲得したことによって、一変する。仮面の装備一式は結婚をするさいの貴重な「嫁入り道具」となり（仮面を所持する権利は男の姉妹のものとなる）、女たちは族外婚ができるようになった。スワイフエ仮面は地震をもたらすだけでなく、結婚を通じて女たちの移動をも可能とするのである。

スワイフエ仮面と水界とのつながりは、別の面にもあらわれている。仮面の顔の下半分にだらりと垂れ下がっている舌は、じつは魚であるという考えがあるのだ。魚の種類も特定されている。この地域で「赤カサゴ」と呼ばれている魚である。この赤カサゴは日本人が「オコゼ」と呼んできた魚であることを、記憶しておいていただきたい[8]。

オコゼは背中に鋭い鰭《ひれ》と鱗を持っていて、しばしば漁師たちの手に怪我をさせる。急に水中から引

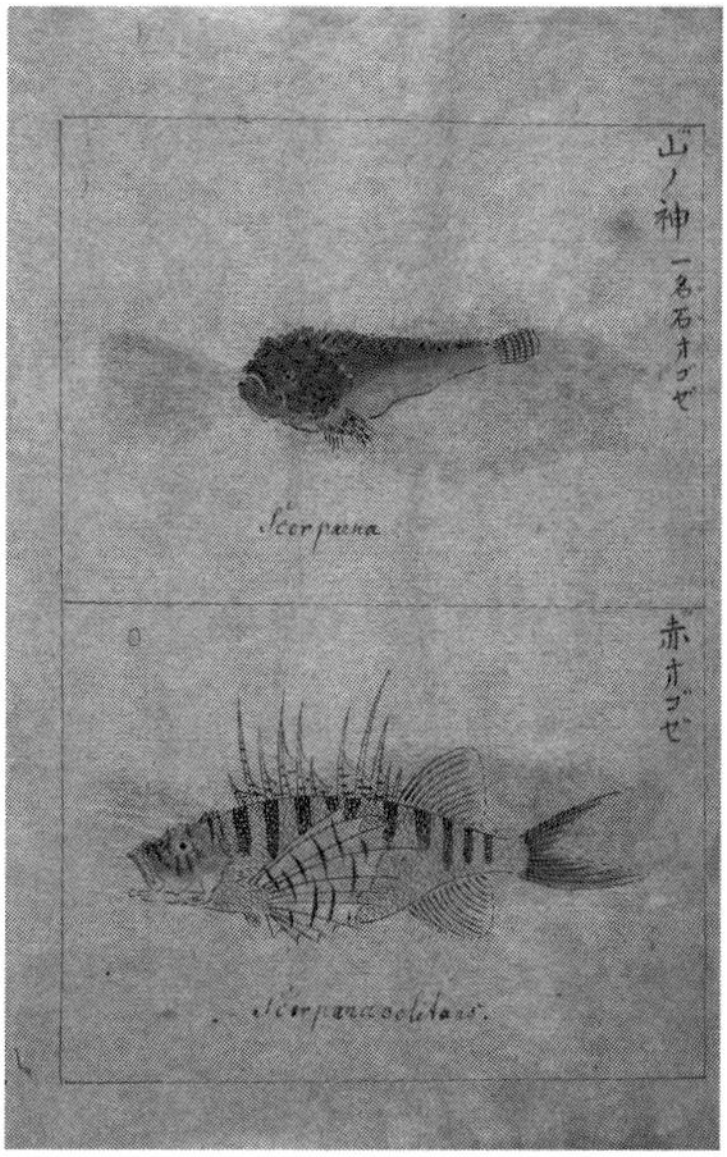

カサゴの博物画（オニオコゼ〔上〕とミノカサゴ〔下〕。ライデン大学図書館）

打ち砕かれたクワキウトゥル族の銅板
(*The Way of the Masks*)

き上げると、胃袋が口から飛び出して、ひどく怒っているように見える。痩せていて肉付きが悪いので、オコゼは吝嗇《けち》な魚だと言われることも多いが、この魚がスワイフエ仮面の一式を、人間への贈り物としたとする神話も伝えられている。貧相な赤い魚が気前のよい贈与者に変じたわけだ。

このオコゼ(赤カサゴ)を銅の起源と結びつける神話も存在している。ツィムシアン族(この部族にはスワイフエ仮面はない)の神話では、父親の厳重な監視のために、夫となる男のいないことに悩んでいる娘のもとに、天上の貴公子があらわれて求婚した。つぎの晩、貴公子は奴隷を娘を迎えるために使わしたが、娘は勘違いして奴隷に身をまかせてしまった。気分を害した貴公子は、妹のほうに心を移して、彼女の悪かった足を治してやった。貴公子は奴隷への復讐のために、山の頂きにあった銅を独占することに成功した。貴公子は奴隷と魚釣りで競争をしたが、そのさい奴隷を、頭を上げるたびに口から胃袋の飛び出すオコゼに変えてしまった。

銅という金属が、この地域で格別な重要性を持っていることは、よく知られている。銅でつくった奇妙な形をした板が、それを所有する者の威信を示しているとして、ポトラッチの儀礼できわめて重大な働きをするからである。ポトラッチを主催した有力者は、贈与儀礼のクライマックスに、この銅板を抱えて人々の前に現れる。参集者は皆その銅板の由来を知っているので、それを抱えて現れた有力者を、羨望のまなざしで見つめる。

その銅板の形態を分析したレヴィ＝ストロースは、銅板に彫られている図柄が、スワイフエ仮面の特徴を示していることを指摘している。たしかにそう言われてみれば、銅板の図柄が再現しているのは、スワイフエ仮面に特有な飛び出した眼と垂れ下がった舌のようにも見えてくる。こうして、スワイフエ仮面―水界の魚―銅は、緊密な関係で結ばれているという事実が、浮かび上がってくる。

ゾノクワ鬼女

ここで、レヴィ＝ストロースの思考は飛躍する。構造主義の大原則に従えば、充実した意味を内包しているとと思われるスワイフエ仮面も、それ自体としては単独では意味を持たない。スワイフエ仮面の飛び出した眼も、垂れ下がった舌も、白い羽根の衣装も、それだけを個別に切り離して解釈しようとしても、まったく無益な試みに終わるだろう。

あらゆる意味は、他との対比からのみ発生できるのである。そこでつぎのような仮説が立てられる。スワイフエ仮面が活躍している世界に、形態や色彩や外観などの諸側面において、それと対立しているような別のタイプの仮面が存在しているならば、スワイフエ仮面の意味はその別の仮面との対比によって、初めて理解することができるであろう。そしてじっさい、そのような仮面が、ブリティッシュ・コロンビアのこの地域に存在したのである。

クワキウトゥル族に「ゾノクワ（Dzonoqwa）」という名で知られている、人喰い鬼女の仮面がそれである。クワキウトゥル族は「クウェクウェ」という名前でスワイフエ型の仮面を所有しているが、このクウェクウェとゾノクワはたがいに関係しあいながら対立しあっている。この二つを対比させることによって、スワイフエ仮面を生み出したこの地帯の神話的思考を新しく解釈できるにちがいない、とレヴィ＝ストロースは考えた。

ゾノクワは日本人が「山姥《やまうば》」と呼んできた超自然的形象と酷似していることにお気づきだろう。山姥と同じように、ゾノクワも深い森の中や山中に潜んでいる。垂れ下がった乳房を持つため、女性だと考えられることが多い。ゾノクワは山姥と同じように、子供に深い関心を抱いている。山姥は山中で幼子を育てていることが多いが、ゾノクワはその反対に先住民の子供を村からさらってきては食べてしまう人喰い鬼である。しかし食べることを、自分の体内に入れてしまうほど可愛いがると理解できるとすれば、ゾノクワも異常な子供好きであることに違いはない。ゾノクワと山姥の類似性については後で詳しく論じられることになる。

クワキウトゥル族はこのゾノクワを、仮面によってつぎのように表現した。

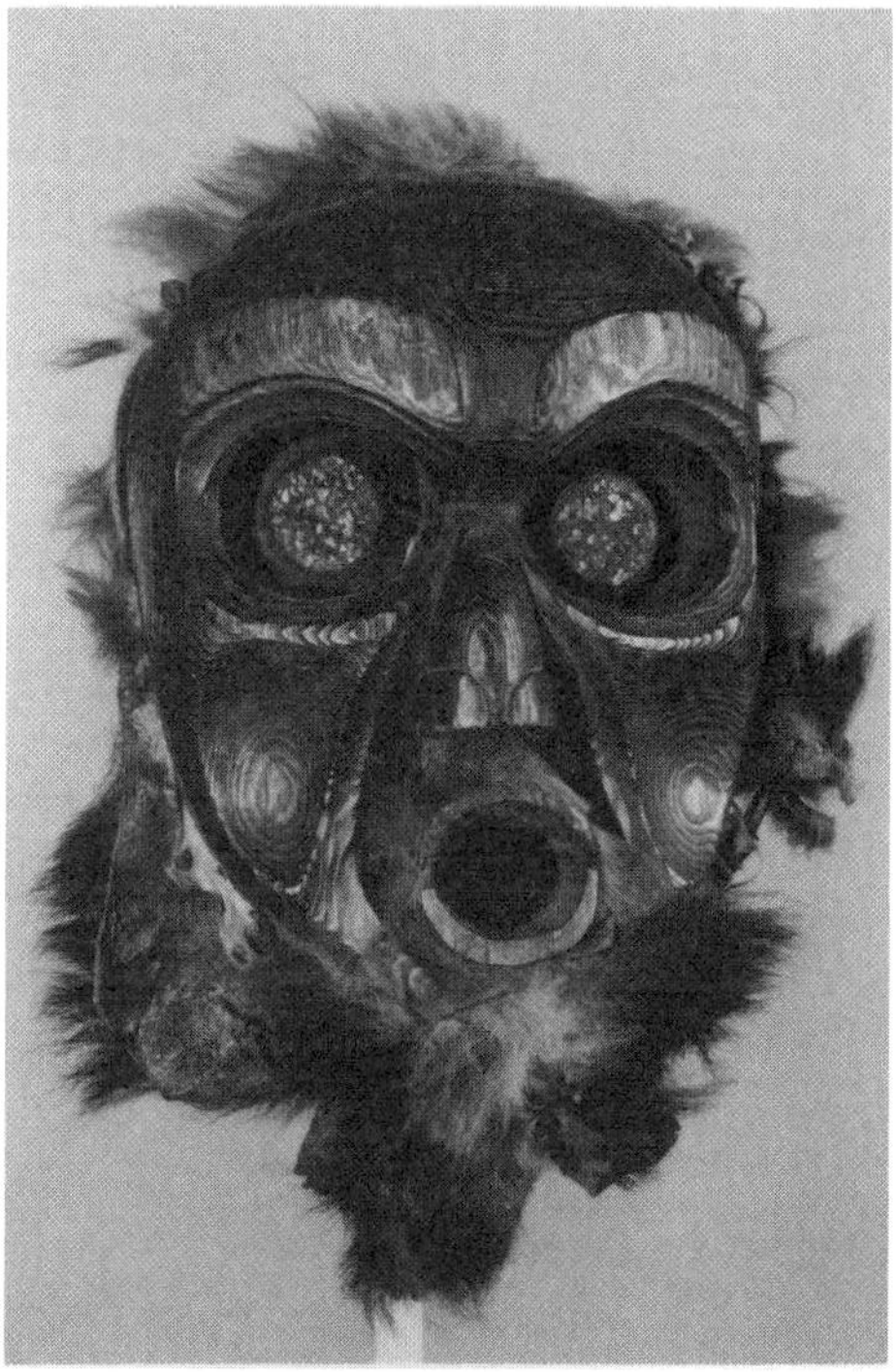

ゾノクワ仮面（*The Way of the Masks*）

この仮面は、それ自身が黒いか、あるいはその装飾に黒い色が支配的である。多くの場合、毛髪、顎鬚、口髭を表わす黒毛の飾りがあり（これらは女性仮面にも付いている）、仮面を被る者は、体を蓋う黒い布あるいは暗い毛色の熊の毛皮をまとっている。目は、飛び出て大きく見開いているスワイフウェ仮面とは反対に、落ちこんだ眼窩の底に孔があいているか、あるいは半ば閉じている。……頬も落ち窪んでおり、また〈ゾノクワ〉の立ち上がった像を作る場合には、体の他の部分も凹んでいる。(9)

口はいつもすぼめられていて、ここから不明瞭な「ウーウー」という叫び声を発するだけである。ゾノクワは盲目ないし視力が極度に悪いように見えるが、この点でもスワイフエ仮面と対照的である。そのかわり、ゾノクワ仮面はポトラッチのような世俗儀礼にしか出てこられないスワイフエ仮面と異なり、冬の神聖儀礼にも堂々と登場してくる。このように多くの側面において、ゾノクワ仮面はスワイフエ仮面と「鋳型と鋳物のように相互補完的」に対立的に関係しあっている。

ロシア民話の「バーバヤーガ（森の人喰い女）」のように、クワキウトゥル族系の人々の間では、島でも陸でも、面白い「ゾノクワ話」が豊富に語り出されている。

人喰いの鬼女がある一家の子供を全員攫ってしまう。鬼女は子供たちの目蓋を樹脂で閉ざして盲目にしてしまう。母親は子供がいなくなったのを悲しんで、激しく泣いたので、洟水《はなみず》が鼻から地面まで流れ落ち、そこから一人の子供が生まれた。この子供は大きくなって、いなくなった兄たちを探しに出かけた。鬼女に出会った彼は、お前を美人にしてやろうと騙して殺したが、鬼女はすぐに生き返ってしまった。鬼女は自分の心臓を隠しておいたので不死身だったのだが、とうとうこの秘密がばれて、鬼女はほんとうに殺された。子供は兄たちを蘇らせてから、天に昇っていった。

これが典型的ないささかたわいもない類のゾノクワ話である。しかしつぎのような神話となると、スワイフエ仮面の神話も思い起こされて、意味はぐっと深くなる。

その昔、身体中を瘡蓋《かさぶた》と潰瘍で覆われた若者がいた。彼の父親は村長でもあり、伝染のおそれもあったので、息子を遺棄することにした。不憫に思った祖母は、彼に火種とわずかな食料を与えた。若者が一人になると、胃袋から子供が一人出てきて、自分が病の原因だと告げて、お前を父親とするから自分を「傷口の瘡蓋」と名付けてほしいと告げた。この奇跡の子供は針葉樹の葉から魚を創り出した。しかしすぐに魚は誰かに盗まれてしまった。「傷口の瘡蓋」は盗人がゾノクワであることをつきとめた。彼はゾノクワの大きく垂れ下がった乳房に矢を射た。追っていくと、人喰い女の娘に出会った。彼女の家までついていくと、そこには傷ついたゾノクワがいたので、傷を治してやることにした。ゾノクワは感謝の印にと、娘を妻として貰い受け、魔法の水と莫大な富をもらった。

ゾノクワとのコンタクトがうまくできると、その人は莫大な富を得ることができるのである。ゾノクワについて語るすべての神話は、この鬼女をとてつもない富の所有者として描いている。ある神話では、ゾノクワが可愛がっている子供（その子はぜったいに泣かないとゾノクワが自慢している）をつねって泣かせることに成功した者は、丸木舟、不老不死の水、死の光線というすばらしい贈り物を貰っている。

ゾノクワの富裕ぶりは、ポトラッチの儀礼でも、いかんなく示されている。南部のクワキウトゥル族の村では、ポトラッチにおいて、貴重品の銅の板をいっぱいに詰めた籠を背負ってあらわれたゾノクワが、銅板を招待した首長たちに配っていくのだ。そしてクライマックスには、主催者側の首長が、ゾノクワの仮面を着けて堂々と登場する。先住民にとっての富は山奥に秘蔵されている。その宝の蔵を所有し護っているのが、人喰いの鬼女なのである。

クワキウトゥル族をはじめとしてこの地帯の先住民の多くは、この世の富の源泉は山の奥あるいは海底深くに隠された場所にあると考えている。ゾノクワがその財宝を護っており、彼女に親切にした者はお礼に莫大な富をもらった。土中に埋蔵されている銅が、そうした財宝の最たるものであるが、他にも毛皮、鞣皮、獣の脂肪と肉、乾燥したベリーなど、ゾノクワの管轄するのはおもに大地に起源するものが多い。しかし「海のゾノクワ」というのも考えられていて、鯨の脂肪や肉などの海の富も、ゾノクワによって護られている。

そのうちの銅は、この地震多発地帯において、地震による崖崩れなどで地表に露出してくる。地震と深いところで結びついているポトラッチでは、山や海に隠されてきた富が、ゾノクワによって担がれて、祭りの庭に運ばれてくる。ポトラッチの機会を開くのは白いスワイフエ仮面であるが、ポトラッチに配られる秘蔵の富を独占しているのは黒いゾノクワ仮面である。

レヴィ＝ストロースはこの点をとらえて、ゾノクワの鬼女と結婚適齢期の娘たちとの深い親和性を強調している。銅は大切な結婚持参金として娘から未来の夫に与えられるというのが、これらの先住民社会の決まりである。だから男性にとっては、娘はゾノクワの化身である。それと同時に、結婚から生まれる子供は妻となる娘の側に属するのが決まりであるから、この点では男性にとっては、妻となる娘は子供を攫っていくゾノクワでもある。

こうして構造分析は、スワイフエ仮面とゾノクワ仮面の細部にいたる造形的特徴の意味を、明らかにできるのである。これまで誰も、スワイフエ仮面とゾノクワ仮面が関係しあっているなどと、考えてみたこともなかった。その上で、それぞれの仮面について、スワイフエ仮面の飛び出た眼は太陽の象徴であるとか、ゾノクワ仮面は没落した太古の大地母神の姿であるなどと、さまざまに別個に考えられてきた。

しかし二つの仮面を、造形的に対照させてみるとき、はじめて仮面の造形の意味が正しく浮かび上がってくる。

このようにして証明されるのは、サリシュ族のスワイフウェ仮面とクワキウトル族のゾノクワ神の仮面のように、誰も比較しようと思わぬ程に外見上は隔って見える二つの存在が、実は、それぞれを、それ自体において、孤立した状態で考察することによっては解釈できないものなのだ、ということに他ならない。それらはある一つの組織的体系を構成する部分的要素であって、その体系の内部で、それらが互いに変形し合うのである……スワイフウェ仮面の飾りの白い色、ゾノクワ仮面の黒い色、前者の飛び出した目玉と後者の窪んだ目、垂れた舌と唇をすぼめた口、こういうものが、別々に取り出して意味があるのではなく、言うならば、対比的識別区分の体系を通じて一つの意味を持つのである。(10)

ブリティッシュ・コロンビアのこの広大な領域で展開された、レヴィ＝ストロースの仮面の道は、ここで途絶える。北西海岸をさらに北に進んでトリンギット族やハイダ族、さらに北方のイヌイット系の世界に入っていくと、ヴァンクーヴァー島の近辺でいったん地表にあらわれた仮面神の世界は、ふたたび地下に隠れてしまうように感じられるのである。仮面の道の途絶えた北方の領域でも、近親相姦の危険とそれを防ぐ手段としての神話の重要性や隠された富の獲得への関心など、仮面神の世界を生み出したのと同様な神話素群は存在しているが、そこから豊かな神話的造型世界はつくりだされていない。

アメリカ大陸の内部でいったん途絶えたその「仮面の道」は、太平洋をはさんで遠く離れた日本列島において、ふたたび地表にその豊穣な姿をあらわすのである。まるでいったん地下に潜った古い地層が、遠く隔てた土地の崖の地層にその姿をあらわすように、ブリティッシュ・コロンビアでみごとな仮面文化を生み出した神話的思考の「一つの組織的体系」が、太平洋の向こう岸で、その構成部品をほとんど一つも失わない状態で、神話的思考の類似の組織的体系の地層を露頭させるのだ。

これはほとんど奇跡に近い現象である。なにがそうさせたのか。どちらも同じ太平洋プレート上に載る地震多発地帯であるという共通性が、その現象を生んだというわけではあるまい。これはあくまでも精神の中で起きた現象であるから、原因は精神の内部に探らなければならない。

私たちはこれから、環太平洋でいったん途切れた「仮面の道」を日本列島でふたたび見出す、新しい旅を開始しようと思う。『仮面の道』におけるレヴィ＝ストロースの知的冒険が終わった地点から、私たちの新しい冒険が始まるのである。

II

剣とナマズ

ブリティッシュ・コロンビアの先住民たちは、地震の発生を海中に潜む巨大クジラとカミナリ鳥（サンダーバード）の戦いとして思い描いた。太平洋をはさんだその対岸にある日本列島に住んだ日本人たちは、それを巨大なナマズあるいはクジラと剣の神との戦いとして想像した。両者が同じ太平洋プレート上の地震多発地帯であることを考慮に入れても、二つの事例に示された思考の類似性は注目に値する。

ただつぎの点が違っている。カミナリ鳥が鋭いくちばしでクジラの体をつつくと、それから逃れようとしてクジラは海中深く潜っていく。この攻撃によって、クジラの背中に載っている世界は大きく動揺して、そのとき地震が発生するのである。

ところが日本の場合（主に江戸を中心とする東日本の場合）は、いつもは鹿島神と呼ばれる特別な神が、要石という巨石で暴れ者のナマズの頭を押さえつけることによって、地震を防いでいるのだが、神々の集会に鹿島神が出かけて留守なのをいいことに、押さえが外れたナマズが暴れだして、地震が起こる。鹿島神はナマズの動揺を防ぐ防御的な働きを示していて、これが外れたときにナマズの大暴れが起こっている。

これは江戸の庶民によく知られていた神話的イメージであり、じっさい安政年間（一八五五年）に江戸を大地震が襲ったときは、この神話イメージをさまざまに描いた版画類が、大量に市中に出回った。地震と鯰のつながりを描いたこうした版画類を詳しく研究した、オランダの人類学者コルネリウス・アウエハントの著作『鯰絵』[11]は、レヴィ＝ストロースによっても注意深く読まれて、『仮面の道』にその成果が大きく取り入れられている。

ブリティッシュ・コロンビアのカミナリ鳥の持つ鋭いくちばしは、一種の剣とみなすことができる。鹿島神の場合にも後で詳しく論じるように、剣との結びつきが顕著である。鹿島神とそのペアーともなっている香取神宮は、どちらも神話的な剣の伝承で知られている。ある鯰絵を見ると、そこには鯰の頭を鋭い剣で突き刺して押さえている鹿島神の姿が描かれている。鹿島神は剣と巨石の力によって、大地の動揺を押さえるのである。日本人の神話的思考の「一つの組織的体系」を探ろうとしている私たちの探究は、まずこの神から始められる。

鹿島神は、常陸国（茨城県）にある鹿島神宮に祀られている神である。そのあたりは今日でも有数の水郷地帯であるが、「第四紀」と呼ばれる地質時代には、内陸部深くまで入り込んでいく巨大な入り江の、河口部にあたる地形をなしていた。海岸部に堆積していった土砂が長く続く砂州を形成し、その砂州の内側に今日「北浦」と呼ばれている大きな沼ができていた。

利根川が上流から大量の土砂を運び込み、しだいに陸地が増えていったが、今日「水郷地帯」と言われているこの地帯には、大河や大小の沼地が、多数残されることになった。北浦を含む砂州は、この大規模な地形変化によってもあまり大きさを変えなかった。その北浦の付け根のところに、八世紀頃に鹿島神宮が建てられていた。(12)

鹿島神宮のあるそのあたりは、さまざまな意味での「境界」をなしていた。沖では南下する親潮が北上してくる黒潮と出会って、大きな渦潮を巻いていた。そこが豊富な漁場であることは、早くから海民たちに知られていた。そのため多くの縄文人がこのあたりに住み着いていた。

西日本にヤマト政権が成立すると、鹿島は彼らが蝦夷地へ進出していくための前線地帯となった。多くの軍船が鹿島の近くに築造された港から、蝦夷へ向けて出撃していった。その頃はまだ大きな神宮などはできていなかったが、ヤマト政権にとっては、そこは北方の未開地との境界をなす、重要な

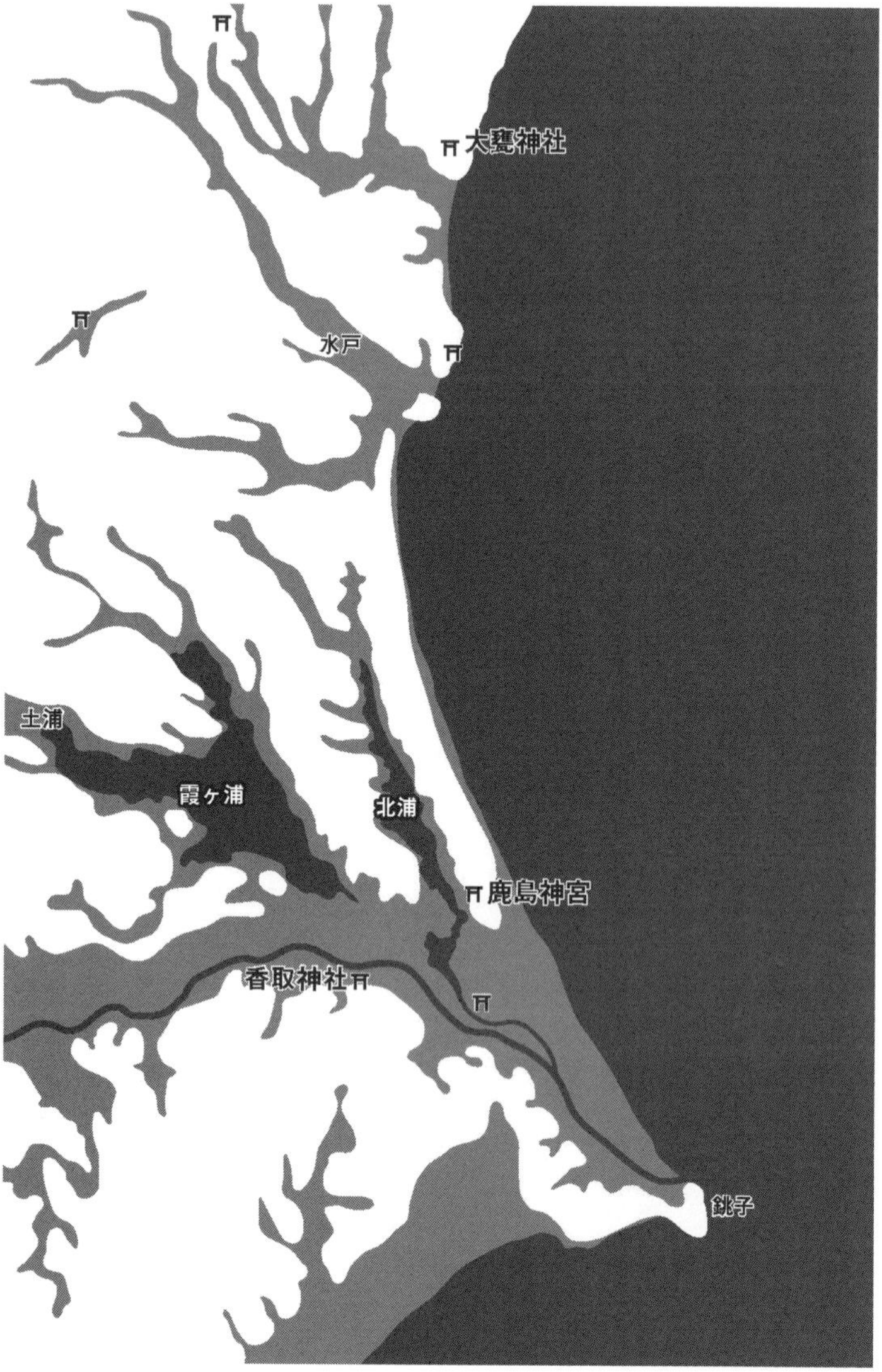

第四紀地図と現在の常陸地図（『日本第四紀地図』東京大学出版会をもとに深澤晃平作成）

地点となっていたのである。

その頃の西日本に暮らす日本人は、境界には大きな甕《かめ》を埋めるという風習があった。甕は「ミカ」とも読む。大甕の半分ほどを地中に埋め立てて、その中に水を満たすのを、普通の作法とした。戦争が起きると、両軍の間に大きな甕を据えて戦い、戦いが終わると新しく決まった境界の場所に、大きな甕を埋めなおした。こういう境の場所は、しばしば甕坂《みかさか》などと呼ばれた。

鹿島はいわば国の境界をなす重要地点であったから、そこには格別な大甕が設置されていた模様である。

古き神人の伝に

常陸国鹿島の海底に、一つの大甕あり、その上を船にて通れば、下に鮮やかに見ゆるといへり、古老伝えいふ。此の大甕太古は豊前にありしを神武天皇大和に移したまへき。又景行天皇当国に祭りたまふ時、此の甕をも移したまへるにこそあれといへり。此の大甕は鹿島明神の御祖先を祭り奉る壺にて、鹿島第一の神宝として、世々これを甕速日《ミカニチハヤヒ》と申すといへり。

世移り変りて、御遺体は御座ましまさぬと申すといへども、彼の大甕なほ石の如くに残れり、今の甕の在る所は、昔は陸にして、此の神宝預りの社役人もありしが、いまは海となれり。(13)

海中に埋め建てられていた大甕が、鹿島神の原初の姿であったのである。大甕は境界の外からの危険な力を自分の内部に呑み込み、かつ抑え込むという象徴的な力を持つ呪物である。そこが境界となって、外からの危険な力が食い止められる。外からの危険な力を、古代人はしばしば龍蛇で表現した。そうなると、境界に立つこの原初の鹿島神には、龍蛇としての力とそれを抑える防御の力とが共存することになる。

そのためにつぎのような伝承も語られることになる。この一節は、十七世紀の初期に沖縄に渡った日本人の僧である、袋中上人によって書かれた書物に出てくる。

鹿島明神のこと
鹿島の明神は、もとタケミカヅチの神なり。人面蛇身たり。常州鹿島の浦の海底に居す。一睡十日する故に、頭面に牡蠣を生ずること、磯の如し、故に磯良《イソラ》と名づく。(14)

鹿島の海底に埋め立てられた甕の神は、甕(ミカ)の威力そのものであり、ミカに宿るものの威勢を神格化したものであるが、甕が押さえつけている未開のないし自然の力をも含んだ存在として、龍蛇の姿を持つことにもなる。この古代的な龍蛇が、時代の変遷につれてクジラやナマズへと変身してくる。海底に沈められた巨大な甕が、鹿島神とクジラ(ナマズ)へと分化するのである。

甕(ミカ)の霊力は、「御雷(ミカヅチ)」と書かれることもある。

つまり「雷《いかづち》」と「甕槌《みかづち》」の「イカ」「ミカ」は同義であり、「厳《いか》」と書かれることがあるのも（「厳」は「勢いが激しいさま」を表わす）、甕は荒ぶる神をとじこめることによって、それ自身、荒ぶるものでもありうるからである⒂。

こうしてブリティッシュ・コロンビアの先住民の神話世界におけるカミナリ鳥（サンダーバード）と海中の巨大クジラのペアーが、対岸の日本列島において、鹿島神とクジラ（ナマズ）のペアーとなって、再出現を果たすことになる。

両者の間には、さらに興味深い類似点がある。カミナリ鳥の鋭い嘴は、剣のようにクジラの体を突いて攻撃を加えた。それと同様、鹿島神に神格化された大甕に宿る威勢は十握剣《とつかのつるぎ》に姿を変えて、鹿島神の手に握られることとなる。この剣の名はのちに「フツヌシ」であるとも言われるようになるが、「フツヌシ」は前天皇家ともいうべき物部氏の祖の名前であることも、記憶しておいていただきたい。

鹿島神＝タケミカヅチ神は、誕生の時点ですでに剣と結びついている。イザナギ命が国生みに際して、火の神であるカグツチの首を、十握剣によって切り落としたときに、その剣の根元に付着した血が岩に飛び散って、三柱の神が生まれた。その一柱がタケミカヅチ神である。『日本書紀』にはこのタケミカヅチの父は甕速日神（ミカハヤヒノカミ）とも記されていて、大甕の神を原初形としてこの神が考えられていたことを思わせる。こうしてタケミカヅチの中には、呪物としての甕、雷神としての性格、長い剣（十握剣）を振るう威勢ある者、という三つの要素が同居していることになる。

この剣を手にした鹿島神が、地震を引き起こす海中の怪物であるクジラやナマズを制圧することによって、地震の発生は押さえられている。しかし神無月に出雲に出かけた鹿島神の不在をねらって、ナマズらが大暴れを始めた結果、大地震が起こることになった。通常はこの不穏な自然現象をもたらす海の怪物は、地面深く突き刺さる鹿島神の剣によって、頭部を「串刺し」にされている。

これは境界において、大きな甕が威勢ある呪物として、バランスを失った自然力や反乱勢力によって引き起こされる動揺をしっかりと抑え込んでいるという神話的イメージを、新しいイメージにつくりかえたものにほかならない。言い方を変えれば、大甕である原初の境界神＝鹿島神が「対称性の破れ」を起こして神格化された鹿島神と境界にいて地震を発生させる大ナマズというペアーに分化した、ということができる。こういう場合、しばしば神話学では鹿島神のような存在は「両義性」という概念で説明される。しかし思考の内部に立ち入ってみると、「第三章」でも詳しく論じたとおり、そこでは対称性とその破れという物質と思考をつなぐダイナミックな過程が起こっているのだ。

ブリティッシュ・コロンビアの地震神話で語られるカミナリ鳥とクジラのペアーと、鹿島神と地震ナマズ（クジラ）のペアーとの関係が、こうして明らかになる。これらは攻撃から防御へという関係の反転を含んではいるものの、雷や剣がそこに加わることによって、全体として見るとほぼ同一の要素とその変換でできた二組の「組織的体系」を示している。これらの神話は地震神話の古層をなしており、その上にスワイフエ仮面とゾノクワ仮面のペアーの織りなす新しい神話体系が乗っている。で

「地震よけの歌」（国立国会図書館）

「大黒さまのつち」（同上）

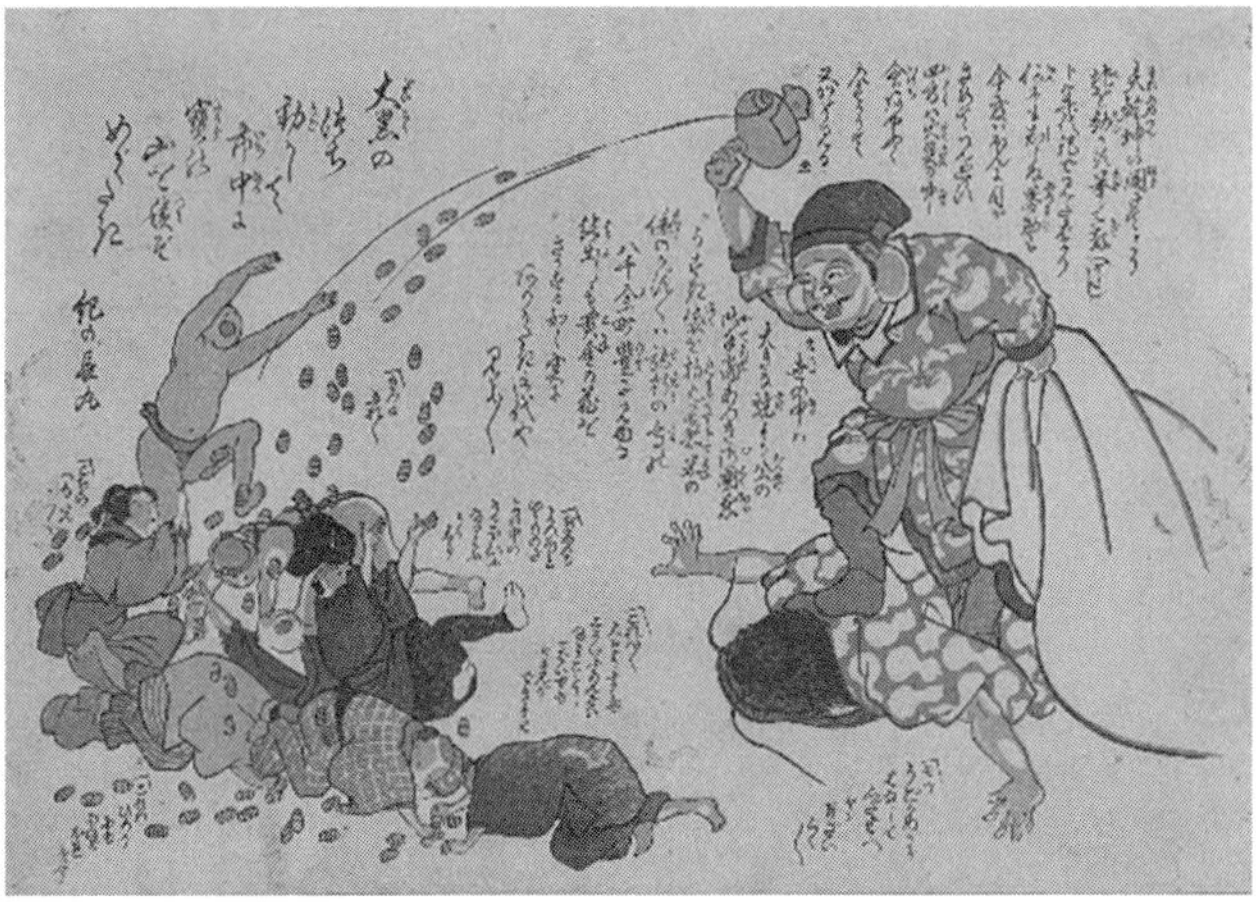

は日本列島で語られてきた神話世界の中にも、それに対応するような対立・相関の意味の体系を見出すことができるだろうか。

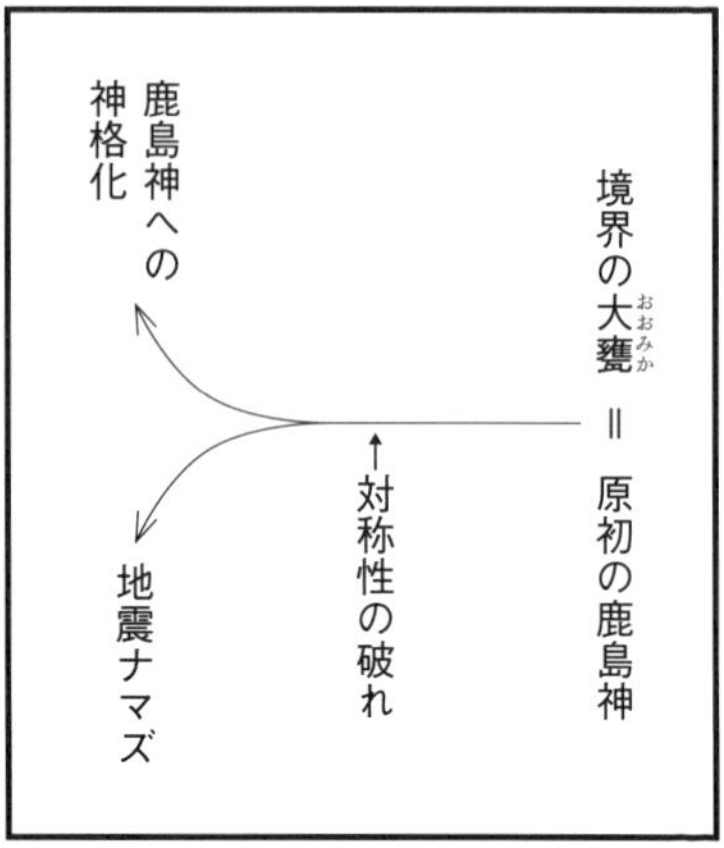

ゾノクワと山姥

すぐさま思い浮かぶのが、ゾノクワと山姥の相同性である。ゾノクワは山の奥深くに隠れ棲んでいる超自然的存在である。女性と考えられていることが多く、それを象った仮面や造形物を見ると、目は落ち窪み、痩せてしぼんだ乳房は長く垂れ下がり、それが老女の身体を表していることは一目瞭然である。彼女はときどき人間の子供を攫って山に連れ去る。人間の子供の中には食べられてしまうものもいるが、ゾノクワは子供好きの側面も持っている。ゾノクワは自分の産んだ子供を可愛がっているという伝承もある。貴重な財である銅の所有者としても知られている。彼女は気に入った人間には、その銅をはじめとする富をもたらしてくれる。

　こうしたゾノクワの属性は、ほとんどそっくりそのまま山姥の中に見出されることになる。山姥は山中に隠れ住んでいる女性である。多くの場合、老女の姿に描かれることもあるが、山中で一人で子供を産み、育てていることもある。超自然的な能力を備えているとも言われ、特に山の奥に秘匿されている富の保管者となっている。この富の中には鉄のような金属も含まれていて、山姥と金属との深いつながりを示している。不用意に山姥に接触した人間は厳しく罰せられるが、彼女が好意を抱いた人間には、幸運や富を分け与えてくれる。山姥は一種の「富姫」としての属性も持っている。

いくつかの具体的な事例をあげて、山姥の生態を観察してみよう。手始めは近世においてもっとも有名な山姥となった「金太郎の母」の話である。(16)この話は近松門左衛門の浄瑠璃『嫗山姥《こもちやまうば》』をはじめ多くの芸能・巷談に取り上げられて、近世さまざまに描かれてきたが、高崎正秀は伝説学的・民俗学的にもっとも重要な点を、つぎの五点に要約している。山姥の属性を探るためには、不明瞭な点の多い彼女自身を探って見るよりも、まずはその子供から調べて見る必要がある。すなわち「金時」ないし「金太郎」は、

イ　山姥の子であること。
ロ　全身が赤く裸体で、童形であったこと。
ハ　常に鉞《まさかり》を持つこと。
ニ　膂力《りょりょく》あって猛獣と相撲したこと。
ホ　頼光の死後姿をくらましたこと。

などを重要な属性とする。

金太郎はつぎのようにして生まれたと、山姥自身が彼女を発見した源頼光にこう答えている。金太

郎は父親なしに、山姥が産んだ子供である。ある日山姥が峰の上に出て昼寝をしていると、夢の中に赤い龍があらわれて、山姥と交わった。そのとき恐ろしい雷鳴が響き渡り、びっくりした山姥は目を覚ました。こうして彼女は金太郎を孕んだのである。それから二一年がたち、いまでは立派に成長した金太郎は、どんな山岳でも易々と踏破し、巨石も軽々と持ち上げる力者となったが、その心は童子のように澄み切って素直であった。

山姥が山中で出産した子供の父親は、赤い龍蛇の体をした超自然的存在（神）であった。また雷鳴を轟かして出現した様子からも、この神が山を棲家として、雷とともに雨をもたらす水の神であることが推察される。この父親の性質は金太郎にも受け継がれ、全身が真っ赤で、いつも裸体のまま山野を自由に行動していた。

青年に達しても童子の形をしていたことにも意味がある。かつて小児は「禿（かむろ）」という髪型にするのが一般的だった。いわゆる「おかっぱ」である。成長して大人になって元服するとき、おかっぱをやめて結い上げた髪型になる。二一歳といえばもう立派な大人なのに、山姥の子である金太郎は、この童形の髪型のままである。大人になるとは社会的存在となることを意味する。

こう見れば、禿姿をやめない金太郎は、人間の社会への帰属を拒否して、自然的存在のままであろうとしていることがわかる。このことは動物との親密さとしても表現されている。金太郎は熊並みの筋力を持ち、つねに強い動物たちと相撲をして、自分を鍛えていた。この自然性は、母親である山姥との異常に親密な関係にもよくあらわれている。この親子は社会性の介入を拒んで、ほとんど近親相姦的なつながりを維持している。こういう伝承をもとに近世の画家たちは、素っ裸の童子形のまま、母の膝の上に甘えたそぶりで、母の乳房を弄んでいる様子を想像して絵に描いた[17]。

金太郎はいつも鉞をかついでいる。父親が雷神であれば、この想像は自然である。雷は剣のように樹木や大地を切り裂いていくからである。また落雷による崖などの崩壊から鉱脈が発見されたことも多く、雷神を介して、この童子は金属と深いつながりを持つことになる。

歌麿「山姥と金太郎」（ギメ美術館）

足柄山の山中に隠れ潜んでいたこの超自然的な母子の運命に大きな影響を与えたのは、滝口の武者源頼光である。この武者は、山姥と金太郎の近親相姦的つながりを断ち切らせて、金太郎を京都に連れて行った。これによって金太郎は人間の社会に組み込まれることになったのだが、ほんらいの自然性を失うことなく、鬼の強力と戦って打ち負かし、頼光の死後はまた自然の中に戻っていった。

この山姥と金太郎の物語は、ヴァンクーヴァー島で採集されたつぎのようなブリティッシュ・コロンビアの先住民神話を思い起こさせる。この神話はクワキウトゥル族の人々が、どうやってスワイフエ仮面を手に入れたかについて語ったものの一異文である。

カミナリ鳥（サンダーバード）と妻は、空から「裂けた山」の頂上に降り立ち、そこで人間の姿となって、「冬踊りの魁《かしら》」と「冬踊りの女」という名前になった。彼らはたくさんの子供を産んだ。この子供たちはヴァンクーヴァー島中を旅して、頭飾りを集め、祭礼のための集会小屋を探して歩き回った。末の子供が生まれた時、みんなは岩が山から崩れ落ちる音を聞き、鮭獲りの仕掛けの中に双頭の蛇を見つけた。彼らは殺した双頭の蛇の血で、末の子の体を洗った。するとその子は「石童子」に姿を変えた。石童子という名前は、隣のハイダ族が「石の肋骨」と呼んでいる地震の神とつながりがある。石童子はゾノクワの声で泣いた。この声は、ゾノクワが「冬踊りの女」となり、石童子が彼女の息子であることを告げるものであった。石童子は一気に成長して、諸所を旅したが、その旅の途中でサリッシュ族のもとで、雷鳴の轟きの中でスワイフエ仮面を手に入れた(18)。

この神話には、サンダーバードの降臨、双頭の蛇の出現、その血を浴びて硬い体となった石童子、ゾノクワの出現と彼女の子供としての石童子、スワイフエ仮面の入手などのテーマが、詰め込まれている。山姥としてのゾノクワは、ここでも金太郎に似た石童子を我が子とするのである。

さて、赤い龍蛇の形をした雷神と交わって、金属との深いつながりを持つ怪力の童子を産むこの山姥という存在は、また神秘な富の所有者でもある。富の源泉は社会的生産と流通にあると考える近代人とは異なって、神話的思考は自然が与える贈与のうちにあると考えた。山と森が富の源泉であり、そこをテリトリーとする山姥こそ、神話的思考の中では、そのような富の独占者となりえたのである。

山中で出会った富姫としての山姥（山の神）の願いを聞き届けてやったところ、たくさんの財物をもらったという伝承は、主に西日本の狩猟民の間に語られていた。多くのケースでは、出産をひかえた山姥が苦しんでいるところに通りかかった猟師などが、出産の手助けをして、山姥は無事に子供を産む。そのことに感謝して山姥の贈り物が与えられるのだ。

とくに土佐ではこういう山姥の話が伝説としてではなく、実話的な体験談として多く伝えられている。たとえば、土佐の白滝村の中野某の百数十年前のご先祖が、山仕事をしていながら、何が欲しい、何が食べたいと頭に思い描いて、家に帰って見ると、願ったものが食卓に備えられていた。お米をいくら取り出しても、湧き出してきて途絶えることなく、家運はどんどん栄えていった。ある日、当主が早仕舞いして家に戻って、障子の破れから中をそっとのぞいて見ると、異様な白髪の老婆が一人せっせと座敷の掃除をしていたので、びっくりして声をあげてしまった。その一瞬、老婆は滝の上

ゾノクワ	山姥
仮面（＋）	仮面（−）
子供を山中にさらう	子供を山中で産む
近親相姦的	近親相姦的
反社会性	反社会性
金属（銅）の所有	金属（鉄）の所有
石の子供	金属の子供
ポトラッチ	市

方に飛び去ってしまった。以後家運は衰えていった(19)。

ゾノクワと同じように、山姥は山中に棲む恐ろしい怪物であるが、同時に親切にしてくれた人間には富を贈与してくれる富姫でもある。また山姥は鉄のような金属のありかに詳しく、強い金属性の身体の子供を産む存在でもある。ゾノクワはポトラッチに登場する。山姥は市《マーケット》に登場する（この問題はあとで詳しく検討される）。こうしてゾノクワと山姥の相同性と変換性があきらかになってくる。

山姥に関する記述が登場するのが中世の末期（室町期）で、ゾノクワ仮面の儀礼が出現してくるのが十六世紀頃と推定されていることには、両者の観念の形成に関して、なおざりにできない意味が隠されているように思われる。この頃、ブリティッシュ・コロンビアと日本列島には、共通した性格を持つ産業と経済の発展が起こっている。銅や鉄にたいする需要の高まりもあった。交易も活発化して、かの地には大規模な競争的ポトラッチが開催されるようになり、こちらでは市の発達が進んでいる。観念的思考（上部構造）の構造分析は、ここでも経済的下部構造と密接に連動しているのがわかる。

ゾノクワにせよ山姥にせよ、両者はともにより古い観念から発達をとげてきたものであることは確かであろう。その古い形態が、同じような経済的下部構造の発展とともに、ゾノクワや山姥に変化していったのである。そうして見れば、ゾノクワや山姥のイメージの中には、より古層の意味的組織体が内包されていると考えることができる。

山の神の影

では山姥のイメージに保存されている、古層のイメージとはどのようなものだろうか。それは「山の神」をめぐる旧石器時代以来の古層の観念である。この領域に関しては、ネリー・ナウマンの研究(『山の神』)が進んだ見解を示している(20)。

山の神は、山の土地と森の植生ならびにそこで生きる動物の生命を支配している神である。この神の観念は最初に、狩猟採集民の間で抱かれた。猟師は山の神の支配する領域に入って、動物を殺して捕獲したり、植物の採集をおこなうが、そのときの獲物を山の神の人間への贈与ととらえていた。人間はそれにたいして厳格なタブーを守った行動をおこない、感謝の気持ちをあらわす供え物を捧げた。この頃形成されたのが、最古層の山の神の観念である。山は生命の根源地であったので、性的エネルギーをめぐる観念が発達した。

この山の森林地帯に、焼畑をおこなう人々が入ってくると、新しいタイプの儀礼が始まる。焼畑民は山の森を焼いて、そこに粟、稗、タロイモ、蕎麦などを栽培した。この焼畑農業は縄文時代からすでにおこなわれており、その頃の宗教的思考の構造は、その痕跡を民俗儀礼として今日にいたるまで残している。

水田で稲を栽培する人々が、日本列島に入ってくると、山の神をめぐる観念や儀礼に大きな変化が生じるようになった。水田ははじめ湿地帯につくられた。稲の栽培には水が不可欠であったので、山と森の領域は平地に生きる農業民にとっては、山の神は水源の神でもなければならなかった。水源地である山に雨を降らす雷も、山の神の重要な属性となった。雷神や水神としての山の神は、縄文人も持っていた考えであるが、農業が始まるとその意味が変わってきたのである。

平地の田でおこなう農作業は、複雑な手順の組み合わせからなりたっていて、そこに気象が重要な介入をしてくる。そのため、水田での稲の生育を護ってくれる「田の神」というものが必要になってくる。この田の神と山の神が別の存在であってはならないという考えから、田の神と山の神の交替が考えられるようになった。田の代掻きから種まき、田植えと続く水田での作業が続いている間は、山の神は田の神という神格に変わって田んぼに常駐しているが、収穫が終わると再び山の神に戻って山の奥に帰っていくのだ。

山の神のイメージの中には、狩猟時代や縄文的な焼畑時代からの、荒々しい野生的な思考やイメージが引きずりこまれている。それにたいして、田の神は水田耕作という文化的な行為を見守るために、人里に滞在している神であるから、田の神と山の神は同体でありながら、異質な性質を持つことになる。かつてはこの異質性をはっきりと意識している人々も多く、その認識を舞いの中で表現していた。つぎの光景は、一九二〇年頃に岩手県の盛岡市近辺で、国語学者の金田一京助によって記録された「春田打の舞」である。

春田打の舞には、太夫は若い美女の面を被つて、種を下ろし、田をかへし、苗を植ゑ、草を取る、最後に稲刈り、穂運びまでの所作を、静かに能がかりに舞つて愈々舞の手の済む瞬間、その美しいお面がさつと下りて、何処に忍ばしてゐたかわからない真黒な大きな醜いお面に早変りして終る。(21)

こうして、山の神は狩猟民的な「古層の山の神」から水田をつくる農業民の「新層の山の神」までを、一身に混在させたアマルガムをなすような存在として、今日まで生き続けることになった。山の神の内部には最古の精神の地層に属する神の観念が含まれている。それと同時に、その神は新しい農業的な田の神へも、たやすく変身をとげていく。

山と森は生命を育む領域である。この生産性のイメージによって、山の神はさまざまな「童子」を生み出すことになる。山の童子である「山童《やまわら》」、水源から流出する水の精霊である「河童《かわわら》」などがそれである。山童については金太郎がその代表であるが、さらに興味深いのが河童である。

カッパとも呼ばれるこの水の精霊は、頭上に水をたたえた皿をのせ、髪型は金太郎などと同じおか

河童の像（「妖怪絵巻」源琦画　KMC）

っぱである。手は左右に抜ける。相撲を好んで（これも金太郎と同じである）、夏野菜が好物である。泣く子をさらう。川辺で馬を見つけると、水に引き込もうとして馬と格闘をするなどという、面白い性格で知られる超自然的存在である。河童は山の神と同じように、山中と川との間を行き来するとも言われる。山へ移るときは「ヤマタロ」、川にいる間は「ガンタロ」と呼ばれる（奈良県吉野の伝承）。

若尾五雄はこの河童が、激しい水流とそこに発生する渦と関係していることを示す、いくつもの例証をあげている[22]。河童をめぐるさまざまな伝承の中に、顕著な「よじれ」の要素が見出されるが、これを水の精霊である河童に備わった渦の原理の表現と、若尾は見たのである。この仮説はけっしてなおざりにすべきものではない。渦を巻くこと、雷が大地に衝撃を与えること、地震が大地を揺るがすこと、子供が激しく泣くことなどは、いずれも世界に動揺をもたらす。山の神はこうした現象に深く関わっている。その山の神の産出する童子として、河童も水の精霊としての性質を保ちながら、共通の性格を示すのである。

山姥はこのようなアマルガムの中から湧出してきた。山姥は山の神そのものであるかというと、そうではない。そもそも山の神自身、男なのか女なのか、はっきりしていない。西日本の猟師たちはもっぱら山の神は女であると考えているが、東日本の猟師たちはそれを男と見ているケースが多い。雷神としての性格をもって水をもたらし、山の植生や動物に生命を与えるという面では、山の神は男性として振る舞う。しかしそうして山中に宿った生命をじっさいに産み育てるのは、山の神の持つ女性としての面である。そのため、山の神の神像が描かれるときには、男女一体の姿で木の枝などに刻まれることが多い。

山の神祭りは、この男としての山の神と女としての山の神の性的結合を表現する象徴行為でできている。つまり山の神にも「対称性」の高低があるのだ。山の神の本体には性の違いはないのだが、この対称性が破れると男と女の山の神があらわれ、さまざまな語りの伝承を生む。そして祭りにおいて、象徴的に対称性の回復が図られる。森の中で発達したこのような思考は、人が平地で水田栽培をおこなうようになってからも、そこでおこなわれる祭りの基本構造となっていった。

男性的山の神によっても女性的山の神によっても愛好されたのが、オコゼ魚であったということにも、深い意味がありそうである。私たちはすでにブリティッシュ・コロンビアの先住民社会で、地震神であるスワイフエ神と山姥的なゾノクワが、ともに赤いカサゴの熱狂的なファンであることを見てきた。同じことが、日本列島の山の神についても見られるのだ。

安曇野の三九郎人形（武田久吉『農村の年中行事』龍星閣　1943年）

日本人が「オコゼ」と呼んできた魚は、何種類ものカサゴ類を含んでいるが、そのうちもっとも人気が高かったのが赤いオニカサゴである。猟師たちは山の神にこのオコゼを奉納した。また狩猟に際しても、懐中にオコゼの干魚を忍ばせて山に入り、袖口からチラッと見せては引っ込める動作を繰り返して、山の神の歓心を引いて、狩猟の成功をもたらそうとした。

どちらのケースでも、オコゼ魚は両性の神に同じように好かれている。どちらの場合でも、オコゼ魚の「醜さ」や「厳《いか》つさ」がチャームポイントである。好色な男の山の神は、その醜さそのものに心を掻き立てられ、嫉妬深い女の山の神のほうは、安心してこの魚に愛情を抱くのである[23]。

「醜」の要素は、山の神の本質につながる。この高い対称性を備えている神が、自身の内部に「美しさ」と「醜さ」の両面を、同時に秘め持っている。このことは『記紀』神話によっても明白である。「大山祇《おおやまつみ》」とも呼ばれる山の神には、コノハナサクヤヒメとイワナガヒメという二人の娘がいた。前者は美女で、後者は醜女であった。天皇家の先祖であるニニギは、父親の大山祇から二人をいっしょに妻とするように勧められたが、コノハナサクヤヒメのほうだけを選んで、イワナガヒメを捨てた。そのせいで、短命を宿命づけられることになった。

オコゼ（「使える庄内」）

この神話に表現されているように、山の神には人間が醜いと判断するものを、美しいとされるものとまったく平等に扱う、高度な対称性の美意識が抱かれているのである。山の神が男女を問わず、醜いとされるオコゼ魚を愛好するのは、そのためである。ここには田の神が山の神に戻るその瞬間にみせる、恐怖を催させる美の理由が、そこにはよく示されている。「水の中の金属」とも言うべき厳しい体つきをしたその魚は、山の神の荒々しい神性を象徴している。

ゾノクワ神にはその相関的対立者であるスワイフエ神がいるが、山姥には彼女のスワイフエ神にあたる存在が欠けているように思えるかもしれない。しかしそれは表面的な事実にすぎない。じっさいには山姥の存在そのものが、山の神の内に包摂されており、その山の神の内部では相関的対立の萌芽がせめぎあっており、そのせめぎあいの中から、山姥のイメージは浮上してきたと考えることができる。

ポトラッチと市

ゾノクワ鬼女は子供を攫う。これは先住民社会にとっては、結婚のサイクルを阻害することにつながる。子供好きの鬼女は、近親相姦を思わせるほどの親密さで子供を可愛がる。あるいは可愛がりが過ぎて、食べてしまうこともある。これにたいしてスワイフエ仮面は地震とともに人々の前に出現して、ポトラッチの儀礼が始まることを可能にする。ポトラッチは世俗的で大規模な贈与の祭りであり、それまで孤立的に生活していることの多い諸集団の間に、贈り物を通したつながりの回路をつくりだす。このつながりから、集団間を女性が横断していく結婚が可能になるのである。

ブリティッシュ・コロンビアの先住民社会では、こういうゾノクワ神とスワイフエ神の性質を、造型的形態と意味的形態の両面における相関的対立のペアーに組み合わせることによって、近親相姦の禁止と結婚による親族の形成についての深い意味を思考しようとしている、というのがレヴィ＝ストロースの考えである。これと同じような思考を、私たちは日本の伝承的思考の中にも見出すことができる。

すでに見てきたように、山姥をめぐる諸伝承の中に、造型的ないし意味的な山姥の対立者を、明確な形で見出すことはできない。しかし、山姥を生み出したおおもとである山の神の神話体系にそれを位置付け直してみると、日本人の神話的思考においても、山姥がマルクスのいう「社会的交通」の発生条件に深く関わる、一種の哲学的思考の産物であることが見えてくる。

このことを見出したのは、ほかならぬ折口信夫である。折口は山姥が単独で意味を持つ妖怪などではなく、より基層的な山の神信仰の体系の一表現としてつくられてきたものと考えた。私たちは山姥を山の神アマルガムからの表現湧出としてとらえてきたが、折口はこれを現実的な古代における宗教制度の表現と考えて、つぎのような「仮説」を立てた[24]。

山姥はかつては山の神の巫女として、山の奥深くに潔斎の生活をしていた女性だったのである。男性の巫もいて、山姥のペアーとしての山人《やまびと》として、いっしょに山の中で暮らしていた。のちに山の神にたいする信仰が衰えてくると、彼らのことを里の人々は、山の神の古い神話的イメージでしかとらえられなくなり、ずいぶん人間離れした話が伝えられるようにもなったが、じっさいには山人も山姥も現実の人間だった。

山人・山姥の背後に、山の神をめぐる旧石器時代以来のさまざまな慣習、思考、幻想などが入り混じってできた、複雑きわまりない「山の神体系」というものが存在していた。その目には見えない体系を実体化して見せる対象として、山人・山姥という制度が設けられていたわけである。

こういう山人の住む村が、大和にはいくつも存在したようである。その山人と山姥が、里に暮らす人々の前に姿を現す特別な時があった。冬の鎮魂と春祭りの儀礼の時である。この時、里に市が開かれる。この市の開かれる夜に、山姥が山人とともに舞を舞いに現れるのである。

古代には、市といわれる処は、大抵山近い処にありました。磯城長尾市の宿禰と言う家は、長い丘の末に、市があった為でしょう。此が、穴師の山人の初めと言われる人です。布留の市もそうで、大倭の社に関係があります。河内の餌香《えが》の市などは、やや山遠くなっています。これなどは、商行為としての交易場だったのでしょう。「うまさけ餌香の市に　価もてかはず（顕宗紀・室寿詞）」などあるのも、市が物々交換を行うた時代を見せているのです。山祇《やまづみ》系に大市姫があり、伝説では、山姥の名にもなっています。此はみな、市と冬祭りと山姥との連絡を見せているのです。(25)

大和でもっとも初期につくられた市は、三輪山の山裾の大和川の近くに出現している。今日の金屋（桜井市。穴師も桜井市。巻向と重なる）のあたりである。

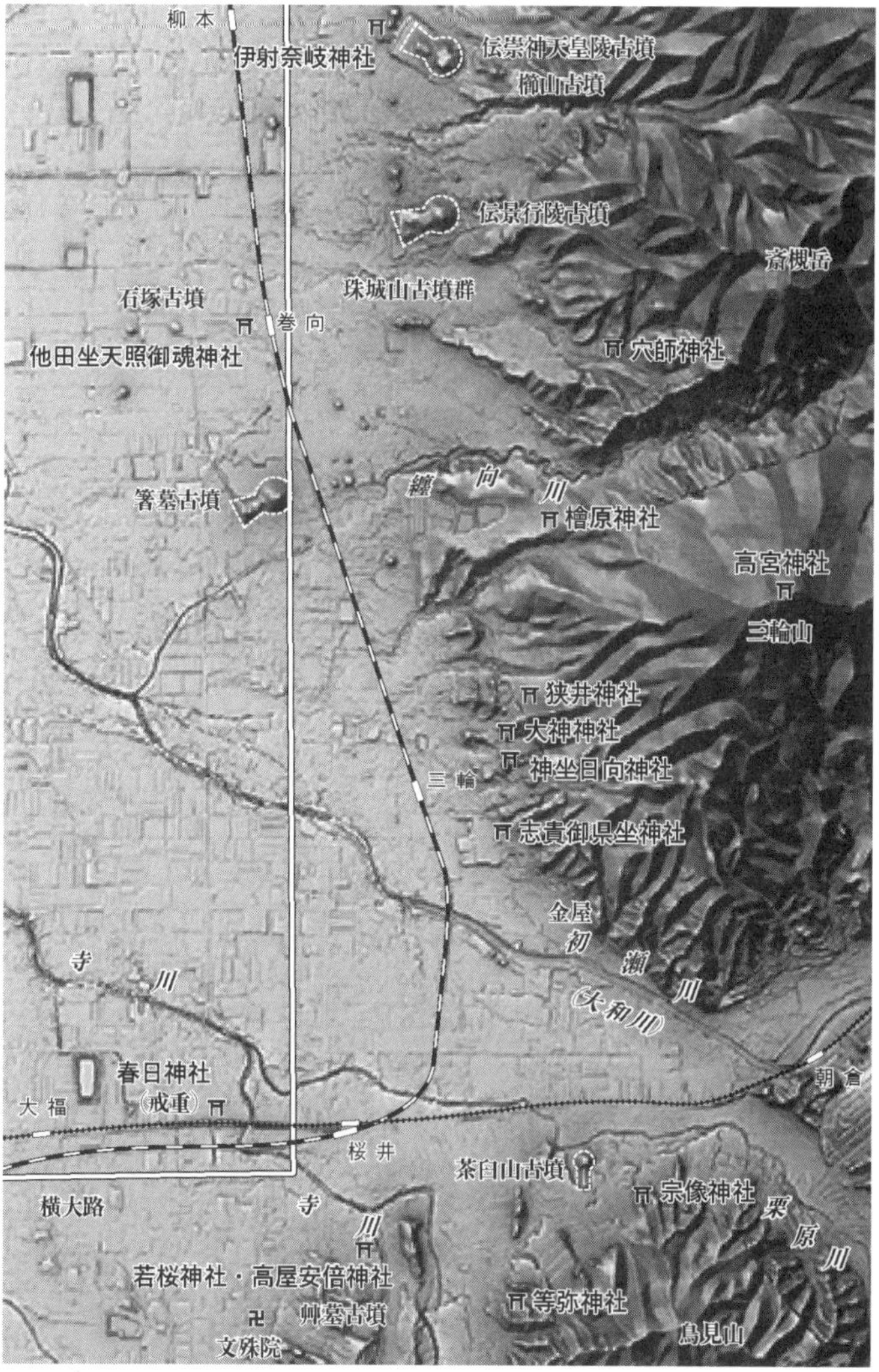

三輪山麓付近の地図（カシミール3D http://www.kashmir.3d.comで、深澤晃平が作成）

ここで冬祭りに市が開かれる夜には、穴師山の山人の村から、山人と山姥たちがやってきた。そこには穴師部とも兵主部とも呼ばれる山人が、兵主神社を中心にして村をつくっていた。彼らは三輪山を見下ろす場所に斎場をつくって、山の神が荒れないように呪術的に牽制する役目を担っていた。

冬祭りに合わせて市が開かれている夜、穴師村では今宵の山人と山姥となる舞人を選んで、頭に各種のつる草を編んで作った冠のような「山かづら」と呼ばれるものをまとい、身には蓑を着ける異装をした。この山かづらが、山人と山姥の徴《しるし》だった。篝火が照らし出す祭りの庭に、彼らは杖をついて、静かに現れたのである。

山人・山姥は「山づと」というものを村人に手渡す。「づと」は土産という意味であるから、山からの贈り物と解していい。これは木の棒を削って、頭のところに「ささくれ」のような削り跡をつくった一種の作り花で、粟穂、稗穂、稲穂《いなぼ》とも呼ばれていた。

山づとは里でおこなわれる農耕での予祝の意味を持っているが、山人・山姥はこれを山の自然の富の象徴物として、人間に手渡すのである。山の領域は里の人間にはふだんは封じられている。それが冬の祭りの日に、山姥たちが祭りの庭に出現することによって、扉を開くのだ。山人から贈り物が手渡されることによって、交換が発生する。自然の領域との間に通路が開かれたことを表現するように、山人と山姥が祭りの庭で舞を舞う。

このときの山人たちの舞は、特別に神秘性の高い、非人間による舞である。この舞が、のちに猿楽の「翁」の舞いになっていった、と折口信夫は推察している。じっさい大和で発生した猿楽の座は、

稲の花（更級郡日原村　武田久吉『農村の年中行事』）

団子の木（北都留郡丹波山村　武田久吉『農村の年中行事』）

その多くが山の中の村にできてきた。そして猿楽の村の近くには、かならず山人の村があった。両者の間につながりがあったと考えるのが、自然であろう。

折口信夫は『記紀』や『万葉集』などの記述などを手掛かりにしながら、記録のない空白部分を自分の思考と想像で補うことによって、山人と山姥の市への出現を描いている。その意味であくまでも仮説である。しかし折口は古代人の論理そのままに思考することができた人であるから、そういう異常な人の立てた仮説を、山姥をめぐる神話の有力な一異文として理解するならば、それを構造分析の素材として利用することには、留保をつけておけば問題はなかろう。

山人のもたらす「山づと」のことは、古代経済史を扱う研究者の注意を引いてきた。それが市の発生の前史をなす「沈黙交易」の原型を示していると考えられたからである。沈黙交易では、直接的な接触を好まない集団の間で、交換がおこなわれる。たとえふだんは敵対的な相手でも、このやり方を使えば物の交換ができる。どこかに場所を決めておいて、そこにある石の上などに交換に出そうという品物を置いておく。何日かしてそこへ出かけてみれば、相手が品物を気に入ったら等価値と思われる別の品物を置いていくだろうし、気に入らなければそのままにしていく。置いてある品の価値が自分の置いたものより低いと思ったら、今度はそっちの品を放置しておく。こういうやり方で、当事者どうしが接触しないまま、交換が成立する。閉鎖的な集団間に通路が開かれるのである。

この沈黙交易の考えを発展させていったところに、市が発生することになる。市ではたとえ戦争などで抗争中の集団であっても、いっさいの戦闘を中止して、市の広場で相手と対面して、値段の交渉をしながら交換をおこなう。市は日常的に開かれるのではなく、日を決めて定期的に開催されるのが、古いやり方だった。そのたびに、自分のうちに閉じていた共同体が、外に向かって開いていくのである。そうしてみると市に登場する山人・山姥は、沈黙交易から市への発達を媒介する存在であることがわかる。市の庭への山人・山姥の出現によって、山＝自然の領域への通路が開く。それをきっかけにして、市の空間では、人間の共同体どうしが自由な交通を始めるようになる。このとき「明日より春が来る」と山人・山姥が告げる。

山人も山姥も山の聖なる領域からの来訪者であるから、彼らの贈り物である山づとは、世界の位相を飛び越えるようにしてでないと、人間の世界には持って来ることができないと考えた人々は、山づとを山人たちからひったくるように持って来るか、とっさの動作ですり替えるという二つの方法を用いた、と折口信夫と経済史家の西村眞次が期せずして同じことを書いている(26)。里人は持参した木の削りかけと、山人・山姥持参の山づととをすり替える。じっさい山の富の象徴物である山づとと、里の富の象徴である削りかけは、同じ技法で木から彫り出された作品である。

古代の市でおこなわれていたこの習俗の名残を、いまだに伝えている祭りがある。太宰府の天満宮に始まり、その後大阪天満宮や亀戸天満宮に広まっていったと言われる「鷽《うそ》替え神事」である。鷽という鳥の形を柳の木を彫って作り、尾と嘴は赤く塗り、背中の部分は削りかけの要領でささくれ立たせ、緑に塗って金箔を貼ったりする。この木の鷽鳥を袖に隠して、神社の境内に夜に出かける。そして見知らぬ人とすれちがいざまに、袖から袖へと鷽を取り替えるのである。

市とはすり替えのおこなわれる場所なのである。

すりかえる、之が市の交換で、今の「代う」と「買う」とは、文法上違った義になって居るが、

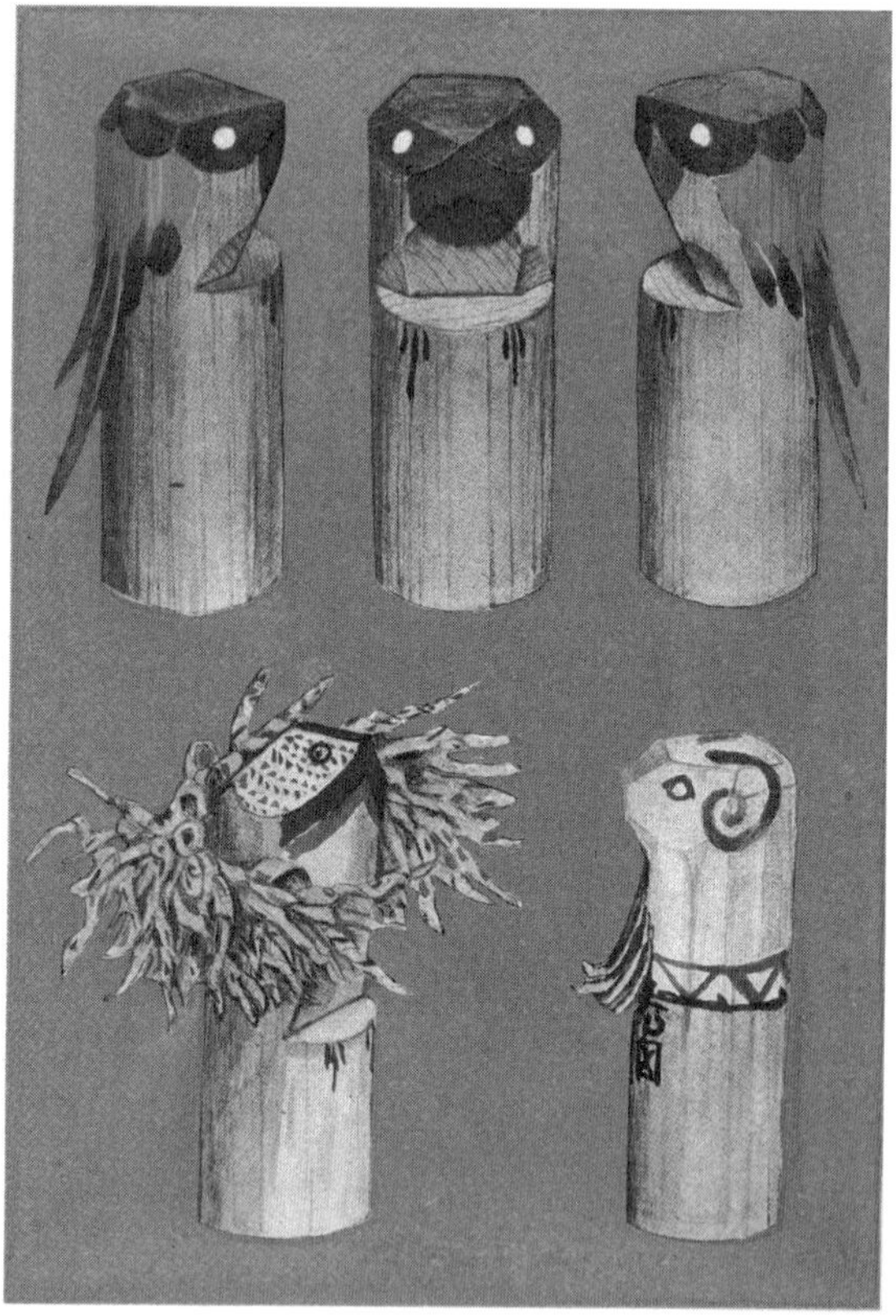

亀戸天神の鷽替え神事ですり替えられる木の鷽〔上〕と熊本の手取神社の鳩替えの鳩〔下〕（西村眞次『日本古代経済』交換篇第一冊　東京堂　1934年）

同じ事である。つまり交換——引き替えが「かう」で、秋祭りの夜行われる。鷽替えの行事は、すりかえの行事で、方々でやって居る。升の市・はかりの市等、皆元はすりかえの市であった。[27]

偶然ではあらうが、獨語の「交換する」といふ動詞“tauschen”が、「欺瞞する」といふ意味の“täuschen”と同一祖語から出たのと、日本語のウソカへがイチと一致するのと似てゐるのは面白い。[28]

山中から土産を持って現れる山人と山姥の登場が、市の始まりを告げるのである。これはスワイフエ仮面とゾノクワ仮面の登場が、ポトラッチの開始の合図となっていることを思わせる。ポトラッチは部族間に贈り物の行き来を促し、結婚に必要な婚資を準備することで、社会的なつながりを可能にしてくれる儀礼である。

市も同じ機能を持っている。日頃閉鎖的な村の社会が、市の期間は自分を外に開き、遠くの人々との交流をおこなった。結婚可能な若い男女は市の周辺に歌垣の庭を設けて、自分にふさわしい相手を見つける発展場所とした。またすでに結婚している男女でも、この歌垣の夜を利用して、夫や妻であることを忘れて自由な恋を楽しむことができた。ポトラッチは社会を内向させる近親相姦の危険へと人々の心が傾斜していくのを防ごうとする機能を持つ、とブリティッシュ・コロンビアの先住民神話は語っているが、同じことが市についてもいうことができる。その市を可能とさせているのが、山人と山姥であり、その背後に控えている山の神と山の女神なのである。

仮面の道は続く

「仮面の道」は続いていたのだ。その道はアラスカの先でいったん地表面から姿を消して、顕在の道としては見えなくなってしまった。だがその道はいわば地下に潜る潜在の道となって、東アジアまで延び続けていた。そして日本列島において、ほぼ完全な形でふたたび地表に姿を現わすのである。

ブリティッシュ・コロンビアの先住民社会における仮面の道と、日本列島で再出現するその仮面の道と同等な一組の意味組織とを、対照させてみよう。

太平洋をはさんで現れるこのような一致を、偶然と考えることは難しい。根拠の乏しい伝播説によることもできない。もっとも可能性のある仮説は、東アジア、ポリネシア、メラネシア、アメリカ大陸によって囲まれる「環太平洋圏」に、共通の基層文化層が存在していると考えることである。その基層文化層は、環太平洋のさまざまな地点で多様な表現形態として顕在化したが、たまたま同じ太平洋プレート上に載っている地震多発地帯としての共通性から、ブリティッシュ・コロンビアの先住民社会と日本列島の古層的文化の双方に、きわめてよく似た体系的顕在化が起こったという考えである。

山人と山姥の舞では仮面が使われておらず、山かづらと蓑とで超自然性を表現していた。しかし、

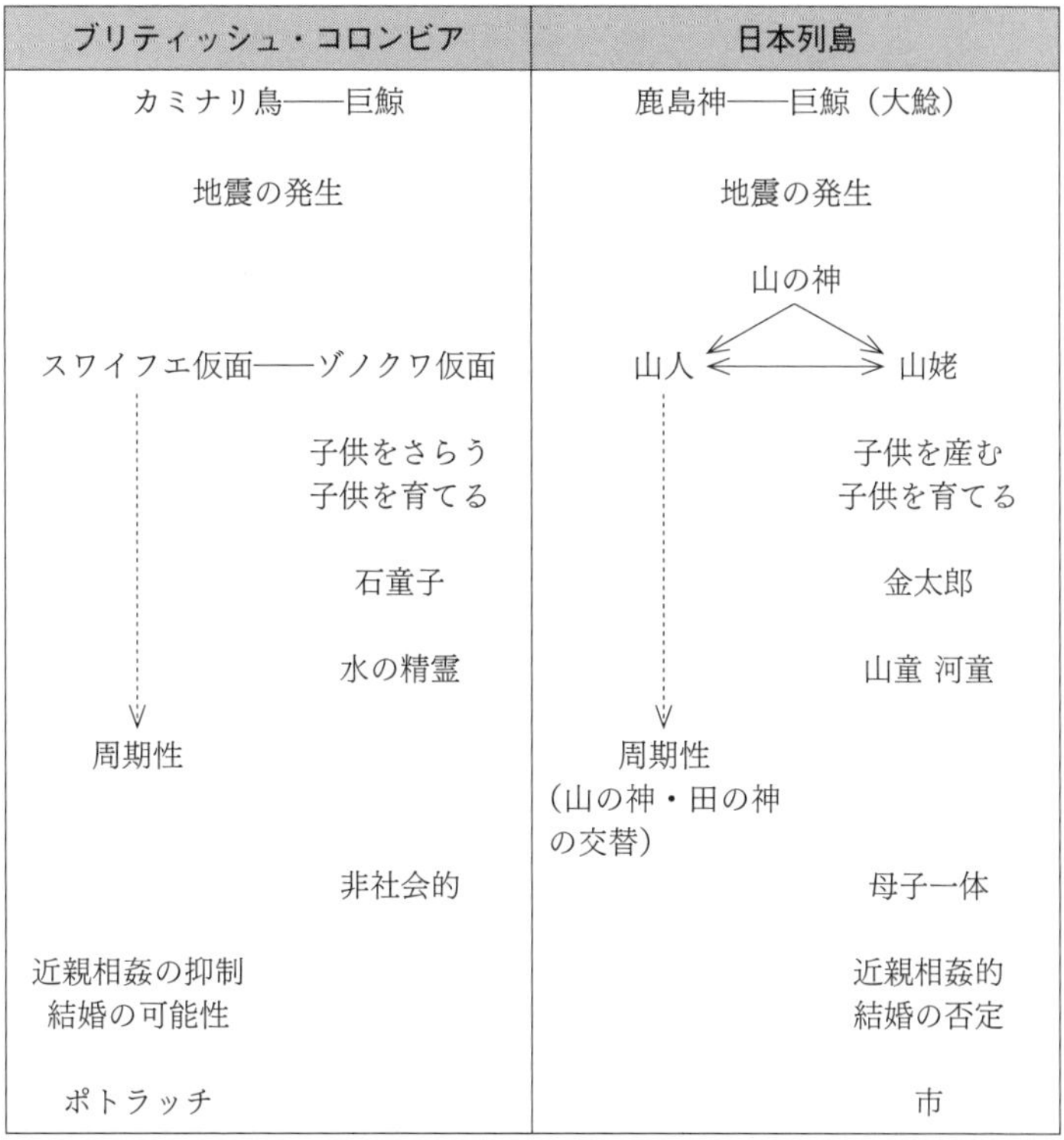

ブリティッシュ・コロンビア	日本列島
カミナリ鳥——巨鯨	鹿島神——巨鯨（大鯰）
地震の発生	地震の発生
	山の神
スワイフエ仮面——ゾノクワ仮面	山人 ⟷ 山姥
子供をさらう 子供を育てる	子供を産む 子供を育てる
石童子	金太郎
水の精霊	山童 河童
周期性	周期性 （山の神・田の神 の交替）
非社会的	母子一体
近親相姦の抑制 結婚の可能性	近親相姦的 結婚の否定
ポトラッチ	市

日本とブリティッシュ・コロンビアの対比

彼らはいずれ仮面を着装することになる。冬祭りの市に登場した山人・山姥の神秘的な舞は、やはり山中に住む猿楽の徒によって「翁」の舞へと再創造される。山人の内部の山の神性が翁へ、山姥の内部の山の神性が「山姥」の舞へと成長していったのである。翁と山姥の仮面は、表面上はスワイフエ仮面とゾノクワ仮面の造型的ペアーのようには、構造化されていない。しかしそこには、北米先住民の仮面を生み出したのと同一な意味の組織体が働いて、別の側面での芸術的レヴェルの表現をつくりだしている。そこにはあきらかな相関性が見出される。

折口信夫が『翁の発生』という論文で取り出してみせた、猿楽の翁の生成過程は、レヴィ=ストロ

翁面と山姥面（厳島神社蔵）

ースが『仮面の道』であきらかにした仮面の神を生み出した一組の複雑な意味の生成組織と明確なつながりを持ち、かつその意味の生成組織は環太平洋圏を広く覆う、より巨大な体系の一部をなしている。ここから私たちは、新しい環太平洋神話学を打ち立てていくことができる。そのとき、構造分析の方法が新たな有効性を発揮するようになるに違いない。

エピローグ

「レヴィ＝ストロースの主題による四つの変奏曲」とでも名付けられるこの本は、サイズは小ぶりながら、そこに込められている思索は思いのほか濃密で深い。

高校生の頃に『悲しき熱帯』と初めて出会って以来、『親族の基本構造』『構造人類学』『野生の思考』『神話論理』などの著作を読みふけっていく中で、私は思想における「レヴィ＝ストロースの主題」を確かに聴き取ったように思ったのであるが、私の聴き取った主題は、世の中で語られている「レヴィ＝ストロースの構造主義」というものとは、少しも似ていなかった。

そのことを知った私は、自分が確かに聴き取ったと思った彼の思想のその主題について、それをそっと自分の心に納めたまま、それが確実な思想に成長してくるのを待とうと考えた。それは楽しい体験でもあったので、私はその思索の楽しみは自受法楽にとどめて、あえて論文などに書かなくてもいいのではないかとさえ、長いこと考えていた。

そんなとき、講談社選書メチエの編集長である互盛央さんが、私にレヴィ＝ストロースについて少し大きなものを書いてほしいと頼んできた。

そのとき彼はこんなことを言った。「レヴィ＝ストロースの思想は、二十世紀後半の言語学的構造主義の力を借りて創造されたのですが、同時にそのことによって本来の意図が歪められもしてきたのではないですか。彼の思想にはそれよりももっと大きなものが潜んでいるように思えてなりません。そのことを書いていただけませんか」。

それはまさに私の考え続けてきたことと同じだった。長いこと胸中にしまいこまれてきた思想の変奏曲を、きちんとした文章に書く時が、ようやく巡ってきたのを、私は感じた。いったん書こうと決心すると、あとは早かった。三ヵ月もたたないうちには、私の考える「レヴィ＝ストロースの主題」に基づく四つの変奏曲がするすると現れ出てきたのである。

こうして現れた変奏曲は、どれも新鮮な革新力に満ちている、と私には感じられた。二十一世紀の人類は、レヴィ＝ストロースが先鞭をつけた思想の道を、さらに先のほう、奥のほうにまで、伸び拡がらせていく必要に迫られている。そのためには、いわゆる言語学主義的な構造主義の限界を突破して、それを生命と物質の領域にまで押し拡げていかなくてはならない。この本はそういう要求に応えて、レヴィ＝ストロースの構造主義に新次元を開こうと試みたのである。

この本の生みの親とも言える互盛央さんに、感謝の気持ちをお伝えしたい。本作りに関しては、長年にわたる友人であり協力者である園部雅一さんと野沢なつみさんのご助力を得た。この本を書くことは、私にとって、音楽の喜びにも似た悦楽の体験であった。この小さな変奏曲集が、レヴィ＝ストロースの思想を現代によみがえらせるきっかけとならんことを、私はひそかに願っている。

二〇二四年一月二三日

中沢新一

注ならびに引用・参考文献

［プロローグ］

（1）一九三七年一月二九日にCCEO（労働者教育同盟センター）でおこなわれたレヴィ＝ストロースの講演「革命的科学としての民族学（Une science révolutionnaire: l'ethnographie）」。これは『モンテーニュからモンテーニュへ』（Claude Lévi-Strauss, Emmanuel Désveaux Ed., *De Montaigne à Montaigne*, Éditions de l'EHESS, 2016）として刊行された。本稿脱稿後に、邦訳『モンテーニュからモンテーニュへ』、真島一郎監訳、昼間賢訳、筑摩書房（ちくま学芸文庫）、二〇二四年が刊行された。

（2）同書、三九頁

（3）同書、六一頁

（4）レヴィ＝ストロース、クロード『神話論理Ⅳ-2　裸の人2』、吉田禎吾ほか訳、みすず書房、二〇一〇年、八四八頁

（5）レヴィ＝ストロース、クロード「構造主義と生態学」（『はるかなる視線1』、三保元訳、みすず書房、一九八六年所収）

［第一章］

（1）*L'ARC*, No.26, 1968

（2）レヴィ＝ストロース、クロード『悲しき熱帯（下）』、川田順造訳、中央公論社、一九七七年、三四三～三五九頁

（3）同書、三五二～三五三頁

（4）ビルマ革命と上座部仏教の関係についてはIvan Strenski, "Levi-Strauss and the Buddhists" in *Comparative Studies* in Society and History, vol.22, 1980 と George O. Totten, “Buddhism and Socialism in Japan and Burma” in Comparative Studies in Society and History, vol.2, 1960 に詳しい。一九五三年にラングーン（現ヤンゴン）で開かれた初の「アジア社会党会議」には日本からも社会党の左右両派から代表団が参加した。ジョージ・トッテンの報告によると、このとき日本の代表団は、次々と壇上に立つビルマの社会主義者たちが、仏教とマルクス主義の両立を熱を込めて語るのに遭遇して、心底驚いた模様である。日本の社会主義の指導者の多くは、もともとがキリスト教者で、彼らは仏教の革命性など想像したこともなかったのである。

（5）U Ba Swe, *The Burmese Revolution*, Pyidawsoe Printing Works, 1953. G. O. Gotten 前掲論文に引用されている。

（6）レヴィ＝ストロース、クロード『悲しき熱帯（下）』、川田順造訳、中央公論社、一九七七年、三五四〜三五五頁

（7）レヴィ＝ストロース、クロード「人類学の創始者ルソー」、塙嘉彦訳（山口昌男編・解説『現代人の思想15　未開と文明』平凡社、一九六九年所収）。Claude Lévi-Strauss, *Anthoropologie Structurale deux*, Plon, 2003.

（8）同書、六七頁

（9）レヴィ＝ストロース、クロード『悲しき熱帯（下）』、川田順造訳、中央公論社、一九七七年、三五五頁

（10）同書、三一八頁

（11）宮坂宥勝『仏教の起源』山喜房仏書林、一九七一年

（12）レヴィ＝ストロース、クロード『悲しき熱帯（下）』、川田順造訳、中央公論社、一九七七年、三二〇頁

（13）「レヴィ＝ストロースと仏教」という主題を正面から取り上げた論文として Brian Nichols “The Buddhism of Claude Lévi-Strauss” がある。そこでは構造主義と仏教思想の類似性と並行関係がよく整理されているが、本論で試みられているような両者の本質的な弁証法的つながりについての視点は見られない。

（14）レヴィ＝ストロース、クロード『悲しき熱帯（下）』、川田順造訳、中央公論社、一九七七年、三一二〜三一三頁

（15）『宝積経』（『世界の名著2　大乗仏典』中央公論社、一九六七年所収）

（16）レヴィ＝ストロース、クロード『月の裏側』、川田順造訳、中央公論新社、二〇一四年、九四頁

(17)『華厳経　入法界品』(『国訳一切経　印度撰述部（華厳部）』、衛藤即応ほか訳、大東出版社、一九八一年所収)
(18)レヴィ＝ストロース、クロード『神話論理Ⅳ-2　裸の人2』、吉田禎吾ほか訳、みすず書房、二〇一〇年、七五三〜七五四頁
(19)レヴィ＝ストロース、クロード『神話と意味』、大橋保男訳、みすず書房、一九九六年、二頁
(20)レヴィ＝ストロース、クロード『悲しき熱帯（下）』、川田順造訳、中央公論社、一九七七年、三五六〜三五七頁

[第二章]

(1) J.P. et M.C. Boons, "Lucien Sebag", *Les Temps Modernes*, no.226. Mars, 1965
(2)レヴィ＝ストロースの初期の頃の神話研究を描いたこのあたりのくだりは、レヴィ＝ストロースとシャルボニエおよびエリボンによる二冊の対話集、高等研究院における講義記録『パロール・ドネ』、リュシアン・セバークの『プエブロ族の創生神話』、各種雑誌の記事などをもとにして、私が再構成したものである。
(3)レヴィ＝ストロース、クロード「神話の構造」、田島節男訳（レヴィ＝ストロース、クロード『構造人類学』、荒川幾男ほか訳、みすず書房、一九七二年所収）
(4)同書、二五二頁。訳を少し変えてある。
(5)同書、二五二頁。訳を少し変えてある。
(6)レヴィ＝ストロース、クロード『やきもち焼きの土器つくり』、渡辺公三訳、みすず書房、一九九七年を参照した。
(7)レヴィ＝ストロース、クロード『大山猫の物語』、渡辺公三監訳、福田素子／泉克典訳、みすず書房、二〇一六年を参照した。
(8)この二冊の著作の出版は、欧州の戦後体制への動揺をはらんだこの時期、フランスの知識人たちに大きな衝撃をもたらすものだった。しばらくしてラカンやフーコーやバルトによる「構造主義」の諸著作が相次いで出版され、構造主義は「現代思想」の前線に躍り出た。

（9）Salvatore D'Onofrio, "Le discours du mythe", pp.69-87 *Gradhiva* : Autour de Lucien Sebag, Musée du Quai Branly, 2005

（10）Lucien Sebag, *L'invention du monde chez les indiens pueblos*, François Maspero, 1971

（11）セバーク、前掲書。また、R・アードス／A・オルティス編著『アメリカ先住民の神話伝説（上）』、松浦俊輔ほか訳、青土社、一九九七年

（12）セバークは社会の「上部構造」としての神話という問題を深める分析に、構造主義を鍛え上げようとしていた。そのため神話相互の変換よりも、神話と社会的「下部構造」との変換性に重要性を見ていた。

（13）John Leavitt, "L'analyse des rêves", pp.109-124 *Gradhiva* : Autour de Lucien Sebag, Musée du Quai Branly, 2005

（14）Lucien Sebag, "Analyse des rêves d'une Indienne Guayaki", *Les Temps Modernes*, no.217. Mars, 1964

（15）Leavitt 前掲論文

（16）Lucien Sebag, *Marxisme et Structuralisme*, Payot, 1964

（17）セバーク、リュシアン『マルクス主義と構造主義』、田村俶訳、人文書院、一九七一年、五頁

（18）同書、六六頁

（19）マルクス、カール／エンゲルス、フリードリヒ『共産党宣言』は、同書七三頁を参照した。

（20）*Gradhiva* : Autour de Lucien Sebag, Musée du Quai Branly, 2005

（21）Claude Lévi-Strauss, "Préface" à Lucien Sebag, *L'invention du monde chez les indiens pueblos*, François Maspero, 1971

［第三章］

（1）レヴィ＝ストロース、クロード『構造人類学』、荒川幾男ほか訳、みすず書房、一九七二年、一七七頁

（2）中沢新一「「赤マタ・黒マタ」祭祀の構造」（『沖縄文化研究　2号』沖縄文化研究所、一九七五年所収）

（3）レヴィ＝ストロース、クロード『親族の基本構造』、福井和美訳、青弓社、二〇〇〇年、一六一頁
（4）R.Needham, "The Left Hand of the Mugwe : An Analytical Note on the Structure of Meru Symbolism" in Rodney Needham Ed., *Right & Left : Essays on Dual Symbolic Classification*, University of Chicago Press, 1973
（5）レヴィ＝ストロース、クロード『構造人類学』、荒川幾男ほか訳、みすず書房、一九七二年、一五七頁（図版）
（6）トポロジーと社会構造との間に対応関係を設定することができる。対称性の高いトポロジーに移行すると、社会構造は二元論から三元論へと複雑さを増していく。
（7）レヴィ＝ストロース、クロード『構造人類学』、荒川幾男ほか訳、みすず書房、一九七二年、一七六～一七七頁
（8）マルクス、カール「ルイ・ボナパルトのブリュメール18日」（『マルクス＝エンゲルス8巻選集』第3巻、マルクス＝エンゲルス8巻選集翻訳委員会訳、大月書店、一九七三年所収）
（9）レヴィ＝ストロース、クロード『構造人類学』、荒川幾男ほか訳、みすず書房、一九七二年、一七七頁
（10）レヴィ＝ストロース、クロード『親族の基本構造』、福井和美訳、青弓社、二〇〇〇年、一四七～一四八頁
（11）リヴァーズ、W・H・R『親族と社会組織』、小川正恭訳、弘文堂、一九七八年。また、同書中のファース、レイモンドの論文「リヴァーズとオセアニアの親族研究」。
（12）山本義隆『重力と力学的世界　古典としての古典力学（上）』筑摩書房（ちくま学芸文庫）、二〇二一年を参照した。
（13）ニュートン『プリンピキア』第3篇・命題7・定理7（山本前掲書、一三一～一三二頁を参照した）
（14）山本義隆『重力と力学的世界　古典としての古典力学（上）』筑摩書房（ちくま学芸文庫）、二〇二一年、二八〇頁
（15）モース、マルセル『贈与論』。訳文は、ゴドリエ、モーリス『贈与の謎』山内昶訳、法政大学出版局、二〇〇〇年、二二一～二二三頁による。
（16）ダランベール『百科全書』への序文（山本義隆『重力と力学的世界　古典としての古典力学（下）』筑摩書房（ちくま学芸文庫）、二〇二一年、六六～六七頁を参照した。
（17）レヴィ＝ストロース、クロード「モース著作集への序文」（モース、マルセル『社会学と人類学Ⅰ』、有地亨ほか

訳、弘文堂、一九七三年、三八～三九頁）およびゴドリエ、モーリス『贈与の謎』、山内昶訳、法政大学出版局、二〇〇〇年を参照した。
（18）同書
（19）ゴドリエ、モーリス『贈与の謎』、山内昶訳、法政大学出版局、二〇〇〇年、一四八～一五〇頁
（20）レーダーマン、レオン／ヒル、クリストファー『対称性　レーダーマンが語る量子から宇宙まで』、小林茂樹訳、白揚社、二〇〇八年
（21）瀬山士郎『トポロジー　柔らかい幾何学』日本評論社、一九八八年
（22）同書
（23）中沢新一『対称性人類学　カイエ・ソバージュⅤ』講談社（講談社選書メチエ）、二〇〇四年
（24）エーデルマン、G・M『脳から心へ　心の進化の生物学』、金子隆芳訳、新曜社、一九九五年、二五八頁
（25）レヴィ＝ストロース、クロード『神話論理Ⅳ-2　裸の人2』、吉田禎吾ほか訳、みすず書房、二〇一〇年、八六二頁
（26）Claude Lévi-Strauss, "Reciprocity and Hierarchy", *American Anthropologist*, vol.46, no.2, 1944, pp.266-268
（27）レヴィ＝ストロース、クロード『大山猫の物語』、渡辺公三監訳、福田素子／泉克典訳、みすず書房、二〇一六年、三二八頁

［第四章］

（1）レヴィ＝ストロース、クロード『仮面の道』、山口昌男／渡辺守章／渡辺公三訳、筑摩書房（ちくま学芸文庫）、二〇一八年、一五～一六頁
（2）一八九〇～一九二〇年にかけてコロンビア大学を拠点にフランツ・ボアズがおこなった人類学的な調査と研究の内包する豊かさは、長いことそれに値する正当な評価を得られていなかったが、『アスディワル武勲詩』や『神話論

理』などのレヴィ＝ストロースの神話研究によって、あらためて脚光を浴びるようになった。

（3）レヴィ＝ストロース、クロード『アスディワル武勲詩』、西澤文昭訳、筑摩書房（ちくま学芸文庫）、二〇一一年

（4）カミナリ鳥とクジラの記述は、Ruth S. Ludwin and Gregory J. Smits, “Folklore and earthquakes: Native American oral traditions from Cascadia compared with written traditions from Japan” にもとづく。L. Piccardi/W. B. Masse Ed., *Myth and Geology*, Geological Society of London, 2007

（5）日本の神話や民俗学が明らかに示しているように、龍蛇神は人間がコントロールできない自然力の象徴であった。縄文文化の中にもそれをみいだすことができるが、弥生時代以降は水田耕作との関わりで、さらに大きな意味を持つようになった。龍蛇神は大地の下や水中深くに住んでいる。日本の「国土」という観念が発達してくる室町時代以降になると、日本列島にぐるりと巻きついた龍蛇神のイメージが描かれるようになり、このイメージを介して自然災害の意味が探られていた。

（6）レヴィ＝ストロース、クロード『仮面の道』、山口昌男／渡辺守章／渡辺公三訳、筑摩書房（ちくま学芸文庫）、二〇一八年。サリシュ族などフレーザー河流域で一般に「スワイフエ（スワイフェ）」と呼ばれているこの仮面はまた、「スコアエコエ」（フレーザー河下流域）や「スクソアクシ」（ルンミ族）、「スクサイクシ」（スクアミシュ族）、「クウェクウェ」（クワキウトル族）などの名前で呼ばれているが、本質は同じである。

（7）同書、三二頁

（8）山の神の好むオコゼ魚はカサゴの一種の赤カサゴであるケースが多いが、場所によっては他の種類のカサゴも珍重されていた。山オコゼと呼ばれる陸生の貝も、山の神への供物となっていた。この問題については、渋沢敬三『日本魚名の研究』（角川書店、一九五九年）に詳しい。

（9）レヴィ＝ストロース、クロード『仮面の道』、山口昌男／渡辺守章／渡辺公三訳、筑摩書房（ちくま学芸文庫）、二〇一八年、八七頁

（10）同書、一三八頁

（11）アウエハント、コルネリウス『鯰絵　民俗的想像力の世界』、小松和彦ほか訳、岩波書店（岩波文庫）、二〇一三年
（12）大和岩雄「鹿島神宮」（谷川健一編『日本の神々11　神社と聖地』白水社、二〇〇〇年）、三二二頁～三五七頁
（13）同前に引用の『神日本』第三巻第六号、一九一～一九二頁を参照した。
（14）同前に引用の袋中上人『琉球神道記』を参照した。
（15）大和岩雄「鹿島神宮」（谷川健一編『日本の神々11　神社と聖地』白水社、二〇〇〇年）、三四一頁
（16）高崎正秀『高崎正秀著作集　第七巻（金太郎誕生譚）』桜楓社、一九七一年
（17）西川照子『金太郎の母を探ねて　母子をめぐる日本のカタリ』講談社（講談社選書メチエ）、二〇一六年
（18）ゾノクワと石童子の記述は、Ruth S. Ludwin and Gregory J. Smits, "Folklore and earthquakes: Native American oral traditions from Cascadia compared with written traditions from Japan" にもとづく。L. Piccardi/W. B. Masse Ed., *Myth and Geology*, Geological Society of London, 2007
（19）堀田吉雄『山の神信仰の研究』、伊勢民俗学会、一九六六年
（20）ナウマン、ネリー『山の神』、野村伸一／檜枝陽一郎訳、言叢社、一九九四年
（21）金田一京助「山の神考」（『民族』第二巻三号、民族発行所、一九二七年所収）
（22）若尾五雄『河童の荒魂　河童は渦巻である』堺屋図書、一九八九年
（23）堀田吉雄、前掲書
（24）折口信夫「翁の発生」（『折口信夫全集2　古代研究（民俗学篇1）』中央公論社、一九九五年）。また、「鬢替え神事と山姥」（『折口信夫全集　第16巻　民俗學篇2』中央公論社（中公文庫）、一九七六年所収）。
（25）折口信夫「翁の発生」三六四～三六五頁
（26）西村眞次『日本古代経済　交換篇（第一冊）』東京堂、一九三四年
（27）折口信夫「鬢替え神事と山姥」四二五頁（新かなづかいに変更）
（28）西村眞次、前掲書、二三〇頁

中沢新一（なかざわ・しんいち）

一九五〇年生まれ。東京大学大学院人文科学研究科修士課程修了。思想家、人類学者。京都大学特任教授。

著書に『増補改訂　アースダイバー』（桑原武夫賞）、『カイエ・ソバージュ』（小林秀雄賞）、『チベットのモーツァルト』（サントリー学芸賞）、『森のバロック』（読売文学賞）、『哲学の東北』（斎藤緑雨賞）など多数ある。

構《こう》造《ぞう》の奥《おく》
レヴィ＝ストロース論《ろん》

二〇二四年　四月　九日　第一刷発行

著者　中《なか》沢《ざわ》新《しん》一《いち》

発行者　森田浩章
発行所　株式会社　講談社
東京都文京区音羽二丁目一二―二一　〒一一二―八〇〇一
電話（編集）〇三―五三九五―三五一二
（販売）〇三―五三九五―五八一七
（業務）〇三―五三九五―三六一五

KODANSHA

装幀者　奥定泰之
本文データ制作　講談社デジタル製作
本文印刷　信毎書籍印刷株式会社
カバー・表紙印刷　半七写真印刷工業株式会社
製本所　大口製本印刷株式会社

ISBN978-4-06-535248-9　Printed in Japan　N.D.C.389　236p　19cm

講談社選書メチエの再出発に際して

講談社選書メチエの創刊は冷戦終結後まもない一九九四年のことである。長く続いた東西対立の終わりはついに世界に平和をもたらすかに思われたが、その期待はすぐに裏切られた。超大国による新たな戦争、吹き荒れる民族主義の嵐……世界は向かうべき道を見失った。そのような時代の中で、書物のもたらす知識が一人一人の指針となることを願って、本選書は刊行された。

それから二五年、世界はさらに大きく変わった。特に知識をめぐる環境は世界史的な変化をこうむったとすら言える。インターネットによる情報化革命は、知識の徹底的な民主化を推し進めた。誰もがどこでも自由に知識を入手でき、自由に知識を発信できる。それは、冷戦終結後に抱いた期待を裏切られた私たちのもとに差した一条の光明でもあった。

その光明は今も消え去ってはいない。しかし、私たちは同時に、知識の民主化が知識の失墜をも生み出すという逆説を生きている。堅く揺るぎない知識も消費されるだけの不確かな情報に埋もれることを余儀なくされ、不確かな情報が人々の憎悪をかき立てる時代が今、訪れている。

この不確かな時代、不確かさが憎悪を生み出す時代にあって必要なのは、一人一人が堅く揺るぎない知識を得、生きていくための道標を得ることである。

フランス語の「メチエ」という言葉は、人が生きていくために必要とする職、経験によって身につけられる技術を意味する。選書メチエは、読者が磨き上げられた経験のもとに紡ぎ出される思索に触れ、生きるための技術と知識を手に入れる機会を提供することを目指している。万人にそのような機会が提供されたとき初めて、知識は真に民主化され、憎悪を乗り越える平和への道が拓けると私たちは固く信ずる。

この宣言をもって、講談社選書メチエ再出発の辞とするものである。

二〇一九年二月　野間省伸

講談社選書メチエ　le livre

MÉTIER

Savoir&Faire 木　エルメス財団 編

極限の思想 バタイユ　佐々木雄大

極限の思想 ニーチェ　城戸 淳

極限の思想 ドゥルーズ　山内志朗

極限の思想 ハイデガー　高井ゆと里

極限の思想 サルトル　熊野純彦

極限の思想 ラカン　立木康介

今日のミトロジー　中沢新一

カイエ・ソバージュ［完全版］　中沢新一

人類最古の哲学［新装版］　中沢新一

日本精神史 近代篇 上・下　長谷川宏

嘘の真理《ほんと》　ジャン＝リュック・ナンシー 柿並良佑訳

理性の呼び声　スタンリー・カヴェル 荒畑靖宏訳